Vorwort

Das Arbeitsbuch enthält Erklärungen und Übungen zu Grammatik, Wortbildung und Wortschatz.

Der Grammatikstoff wird an den Basistexten erarbeitet. Es werden überwiegend solche Grammatikprobleme behandelt, die in den Lehrbüchern der Grundstufe nicht oder nicht ausführlich genug berücksichtigt werden und die erfahrungsgemäß, bei erweiterter Aufgabenstellung in der Mittelstufe, einer Wiederholung, Festigung und Vertiefung bedürfen.

Parallel dazu werden wichtige Aspekte der Wortbildung vorgestellt, wodurch der Lerner zu einer zunehmend selbständigeren Erschließung des lexikalischen Materials befähigt werden soll. Diese Fertigkeit erleichtert das Lesen und Erarbeiten von unbekannten Texten und ist insbesondere für Studenten wichtig.

Eng damit verbunden und ergänzend zu den Aufgaben im Textbuch schließt sich die meist textbezogene Erweiterung der Ausdrucksmittel an, in Form von Wortschatzdifferenzierung.

Die Erklärungen zur Grammatik, die in der traditionellen Terminologie formuliert sind, dürften so explizit sein, daß der Lernende sie auch ohne fremde Hilfe verstehen kann.

In den Übungen wurde der in den Texten gebrauchte Wortschatz verwendet, soweit dies sinnvoll erschien. Wo immer es sich anbot, wurde versucht, nicht beim bloßen Einüben neuer Strukturen stehenzubleiben, sondern diese auch situationsgerecht im Zusammenhang sprachlichen Handelns anzuwenden. Das gleiche gilt für viele Übungen zum Wortschatz.

Die Zuordnungsübungen weisen manchmal mehr Kombinationen auf, als möglich sind, d. h. ein Lösungsvorschlag ist in diesem Fall überzählig.

Bei einem Großteil der Aufgaben und Übungen gingen die Autoren davon aus, daß schriftliche Lösungen nicht im Arbeitsbuch selbst, sondern in einem Heft erfolgen, womit eine weitere Einprägung von Strukturen und Schriftbild erreicht wird.

Eindrücke – Einblicke

Ein Programm für die Mittelstufe
Deutsch als Fremdsprache

Arbeitsbuch

von

Karl-Heinz Drochner
und Dieter Föhr

LANGENSCHEIDT
BERLIN · MÜNCHEN · WIEN · ZÜRICH · NEW YORK

Das Programm "Eindrücke - Einblicke" besteht aus:	
Textbuch	Best.-Nr. 49785
Arbeitsbuch	49786
Cassette: Hörtexte und Diktate	84765
Hörtextheft: Hörtexte und Diktate	49787

Titelfotos: Süddeutscher Verlag
Manfred Vollmer, Karlheinz Egginger,
Dieter Hinrichs, Wolfgang Wiere

Druck: 5. 4. 3. | Letzte Zahlen
Jahr: 89 88 87 86 | maßgeblich

© 1985 Langenscheidt KG, Berlin und München

Nach dem Urheberrechtsgesetz vom 9. September 1965 i.d.F. vom 10. November 1972, ist die Vervielfältigung oder Übertragung urheberrechtlich geschützter Werke, also auch der Texte, Illustrationen und Graphiken dieses Buches - mit Ausnahme der in §§ 53, 54 URG ausdrücklich genannten Sonderfälle -, nicht gestattet.

Druck: Druckhaus Langenscheidt, Berlin
Printed in Germany · ISBN 3-468-49786-5

Inhaltsverzeichnis

Kapitel 1

BT 1	Johannes Gross: Deutschland - ein höfliches Land	9
G	Substantivierte Adjektive und Partizipien	9
	Adjektive, die von Ortsnamen abgeleitet sind	11
	sein + *zu* + Infinitiv	12
WB	Das Präfix *ver-* bei Verben	13
BT 2	Das Funktionieren des Alltags	15
G	Das Futur I	15
	Die Deklination II (schwache Deklination)	17
WB	Das Suffix *-ung*	19
	Der Verbzusatz *-an*	20
LV 2	Wortschatzübung	20
HV 3	Lückendiktat	21

Kapitel 2

BT 1	Hisako Matsubara: Ernst beim Essen	22
G	Einen Zweck oder eine Absicht ausdrücken	22
	Der Finalsatz	22
	Eine Information ohne eigene Stellungnahme weitergeben	24
	Eine Vermutung ausdrücken	24
	Relativsätze	26
	Vergleichssätze	28
	Infinitiv + *bleiben*	29
	Verbzusätze	30
LV 1	Michel Meyer: Ein Land ohne Feinschmecker	32
WS	*Es geht darum / ist wichtig / kommt darauf an*	32
	... besteht in ...	32
BT 2	Peter O. Fischer: Ausländische Küche in Deutschland	33
G	Relativpronomen *was, wo* + Präposition	33
	Konzessivsätze als Ausdruck von Gegensatz oder Einschränkung	35
	Voraussetzungen, Bedingungen ausdrücken	36
	Das Demonstrativpronomen *der, die, das*	37
	Das Relativadverb *wo*	37
WS	*kommen*	39
LV 1	Übung	39
HV 1	Lückendiktat	40

Kapitel 3

BT 1	Warum nicht auf dem Land leben?	41
G	Das Suffix -*bar*	42
	Zur Wiederholung und Erweiterung des Passivs	46
WS	Zusammensetzungen	47
BT 2	Monika Zimmermann: Die verplante Stadt	47
G	Das verallgemeinernde Relativpronomen	50
	wo + Präposition und *was* als Relativpronomina	51
	Nominalisierung	52
WS	*werden* + Adjektiv	53
	Faktitive Verben	

Kapitel 4

BT 1	Peter O. Chotjewitz: Jürgen macht neue Bekanntschaften	54
G	Die Wiedergabe von Äußerungen anderer Personen: indirekte Rede	54
	Die Formen	54
	Der Konjunktiv I und II der Gegenwart	55
	Starke Verben	55
	Schwache Verben	55
	Unregelmäßige Verben	56
	Modalverben	56
	Das Verb *sein*	56
	Der Konjunktiv I und II der Vergangenheit	57
	Verben im Perfekt mit *haben*	57
	Verben im Perfekt mit *sein*	57
	Das Futur	58
	Das Passiv	58
	Zum Gebrauch der indirekten Rede	58
	Indirekte Fragesätze	59
	Der Imperativ	60
	Ausdrücken eines irrealen Vergleichs	61
	Ausdrücken von hypothetischen und irrealen Bedingungen	63
	Potentielle und irreale Sachverhalte	65
	Zum Gebrauch von *als*	66
BT 2	Hanns-Josef Ortheil: Die Liebe	67
G	Rektion: Nomen + Präposition	67
	Der Infinitiv	70
	Partizip Präsens als Modalangabe	73
LV 3	Das Präfix *herum-*	74
WS	*aus* und *vorbei*	75

Kapitel 5

HV 1	Lückendiktat	76
BT 1	Das Abitur: Pauken - nicht denken	76
G	Partizipialattribute (erweitertes Attribut)	76
	Attribute mit Partizip Präsens	77
	Attribute mit Partizip Perfekt	79
	lassen + *sich* + Infinitiv Aktiv	81
	Die Verbindung von Nomen und Verben	82
WB	Das Präfix *miß-*	84
BT 2	Martin Walser: Herr Köberle kommt mit seiner Tochter zu Besuch	85
G	Die neutrale Form des substantivierten Adjektivs	85
	Adjektive mit Genitivergänzung	88
	Nomen-Verb-Verbindungen	88
	Nomen-Verb-Verbindungen mit *kommen* + Präposition *in*	90

Kapitel 6

BT 1	Asta Scheib: Ein Durchschnittsberuf	92
G	Nomen-Verb-Verbindungen mit *bringen* + Präposition *in*	92
	Nomen-Verb-Verbindungen mit *(hinein- / rein)gehen* + Präposition *in*	94
	Nomen-Verb-Verbindungen mit *machen*	95
	Nomen-Verb-Verbindungen mit *geben*	97
LV 1	*gehen*	98
BT 2	Sedat Çakir: Der Grieche Mano	99
G	Satzglieder und Gliedsätze	99
	Infinitivsätze mit *zu* in der Vergangenheit	104

Kapitel 7

BT 1	Das Gefühl da draußen - da geht nix drüber	107
WB	Zusammengesetzte Zeitbegriffe	107
	Von Nomen abgeleitete Adverbien und Adjektive mit dem Suffix *-weise*	108
WS	*sich auf ... machen*	109
BT 2	Winfried Hammann: Wir Exoten	110
G	Ersatzinfinitiv	110
WB	Wortzusammensetzungen	110
	Zusammengesetzte Substantive	111
	Zusammengesetzte Adjektive / Partizipien	113
	Zusammengesetzte Verben	113
	Adjektivbildung mit den Suffixen *-los* und *-frei*	115
WS	*dabei sein* - *im Begriff sein*	115
	wissen - *kennen*	116

Kapitel 8

BT 1	Wolfram Siebeck: Fünf Eigelb und ein Liter Sahne	117
WB	Adjektivbildung durch Ableitung	117
	Verbbildung durch Präfixe	119
WS	*überhören* u. ä.	121
G	Nebensätze mit *indem*	122
BT 2	Horst Krüger: Was dann?	123
G	Weiterführender Nebensatz mit *weshalb*	123
	Modalwörter mit *-weise*	124
	Nomen-Verb-Verbindungen mit *nehmen*	125
	Nomen-Verb-Verbindungen mit *stellen*	126
WS	*(zu) ... werden*	127

Abkürzungen

BT = Basistext
G = Grammatik
HV = Hörverständnistext
LV = Leseverständnistext
WB = Wortbildung
WS = Wortschatz

Kapitel 1

Johannes Gross
Deutschland – ein höfliches Land

BT 1

Grammatik
Substantivierte Adjektive und Partizipien

Z. 1 ... der Reisende ...
Z. 4 ... Die Beamten ...

Die substantivierten Adjektive und Partizipien bilden eine große Gruppe und existieren in der maskulinen, femininen und neutralen Form (z. B. *das Richtige, das Schöne*). Sie werden in allen Fällen wie Adjektive dekliniert.

Beispiele:

e/r Deutsche	e/r Kranke	e/r Abgeordnete
e/r Angestellte	e/r Verletzte	e/r Arbeitslose
e/r Bekannte	e/r Stumme	
e/r Verwandte	e/r Alte	

Ausnahme:

r Beamte   e Beamt*in*, -*nen*

Nur feminin:

e Illustrierte
e Rechte (Hand; politische Richtung)
e Linke (Hand; politische Richtung)

Übung 1

1. Bei dem Unfall gab es einen Tot.. .
2. Ist er Franzose oder Deutsch.. ?
3. Die Bahn beschäftigt viele Beamt.. und Angestellt.. .
4. Wird es immer Arm.. und Reich.. geben?
5. Unter den Blind.. ist der Einäugig.. König.
6. Alle Reisend.. wurden von Zollbeamt.. kontrolliert.
7. Hast du hier Verwandt.. oder Bekannt.. ?
8. Am Sonntag sieht man hier mehr Fremd.. als Einheimisch.. .
9. Ist die Klein.. eine Verwandt.. von Ihnen?
10. Es gibt Ermäßigungen für Arbeitslos.. und Schwerbeschädigt.. .

1

11. Kannst du nicht bei Verwandt.. oder Bekannt.. wohnen?
12. Hast du die Adresse deiner Verwandt.. oder Bekannt.. ?
13. Welchen Abgeordnet.. schlagen Sie zum Vorsitzend.. vor?
14. Der Abgeordnet.. Schulz soll Vorsitzend.. werden.
15. Sie ist mit einem Deutsch.. verheiratet, aber sie ist keine Deutsch.. .
16. Beamt.. zu werden ist der Wunsch vieler Angestellt.. .
17. Fragen Sie einen Sachverständig.. !
18. Nicht alle Deutsch.. verreisen im Urlaub, aber viele Deutsch.. fahren ins Ausland.
19. Dieser Apparat ist für Schwerhörig.. .

Übung 2

Auf die folgenden Fragen können Sie zum Teil im Singular oder Plural, mit der maskulinen oder femininen Form, mit bestimmtem oder unbestimmtem Artikel antworten.

1. Wo verbringst du deine Ferien? (*Verwandte*)
2. Wen wollt ihr wählen? (*Vorsitzende*)
3. Für wen muß auch gesorgt werden? (*Alte und Kranke*)
4. An wen muß man sich in dieser Frage wenden? (*Sachverständige*)
5. Wem schickst du das Paket? (*Familienangehörige*)
6. Wie viele Personen arbeiten bei der Behörde? (*50 Beamte und Angestellte*)
7. Mit wem triffst du dich? (*Bekannte*)
8. Wem hilft das Beschäftigungsprogramm? (*Arbeitslose*)
9. Für wen ist der Platz reserviert? (*Schwerbeschädigte*)
10. Wem nützen die Ortsschilder am meisten? (*Fremde*)
11. Wem gehört der Volkswagen? (*Deutsche*)
12. Wo hast du das gelesen? (*Illustrierte*)
13. Wer braucht viel Ruhe? (*Kranke*)
14. Mit welcher politischen Richtung sympathisiert er? (*Linke*)

Übung 3

Bilden Sie Fragen:
Haben Sie die Kleine schon eingeladen?

sprechen	e/r Abgeordnete	gestern
sich unterhalten	r Beamte	letzte Woche
fragen	e/r Verwandte	lange
warten	e/r Verletzte	heute
sich verabreden	e/r Angestellte	oft
helfen	e/r Sachverständige	
telefonieren		

Adjektive, die von Ortsnamen abgeleitet sind

Z. 13 ... *die Hamburger* = die Bewohner von Hamburg
Z. 15 ... *die Münchner* = die Bewohner von München

Bei deutschen und bei vielen ausländischen Städtenamen, die auf einen Konsonanten enden (*Paris, London, Madrid* usw.), hängt man *-er* an. Die feminine Form ist *-er + in*, z. B. *e Münchnerin*.

Das dazugehörige Adjektiv auf *-er* kann nicht dekliniert werden:
die Hamburger Innenstadt
in der Hamburger Innenstadt (Immer Großschreibung!)

Bei ausländischen Städtenamen, die auf einen Vokal enden, kann man im allgemeinen kein Adjektiv bilden. Allerdings ist die Sprache hier nicht konsequent. Üblich ist: *Moskau-er, Warschau-er, Oslo-er*. Nicht möglich ist aber die Substantiv- und Adjektivbildung bei *Rio, Tokio, Santiago, Helsinki*. In unklaren Fällen muß man eine Präposition verwenden:

das Zentrum von Helsinki
die Geschäfte von Helsinki
die Einwohner von Helsinki

Übung 4

der Hafen in Hamburg - der Hamburger Hafen

1. das in München hergestellte Bier - 2. die U-Bahn in Berlin - 3. die Mode aus Paris - 4. der Prado in Madrid - 5. der Flohmarkt in London - 6. das Nachtleben in Kopenhagen - 7. der Kreml in Moskau - 8. die Innenstadt von Warschau - 9. der Hradschin in Prag - 10. die Taxifahrer in Frankfurt

Übung 5

Kennen Sie den Dom in Köln? - Kennen Sie den Kölner Dom?

1. Waren Sie einmal auf dem Oktoberfest in München?
2. Kennst du den Hafen in Hamburg?
3. Im Urlaub waren wir mit Leuten aus Hamburg und Köln zusammen.
4. Nächste Woche fahren wir zur Fastnacht nach Basel.
5. Ich hatte ganz falsche Vorstellungen von den Leuten in Paris.
6. Der Eintritt in den Museen in Paris hat sich sehr verteuert.
7. Fahren Sie dieses Jahr zur Messe nach Leipzig?
8. Trinken Sie lieber Bier aus Dortmund oder aus Köln?
9. Ich habe eine nette Frau aus Stuttgart kennengelernt.
10. Morgen steigen wir auf das Münster in Ulm.

sein + zu + Infinitiv

Z. 21 ... ist zu rechnen ...

Diese verbale Verbindung hat passivische Bedeutung, die eine Notwendigkeit oder eine (Un-)Möglichkeit ausdrückt:

Dieser Wunsch ist nicht zu erfüllen.
= Dieser Wunsch kann nicht erfüllt werden.

Seine Reaktion ist leicht zu erklären.
= Man kann seine Reaktion leicht erklären.

Übung 6

Das Geschirr muß noch abgewaschen werden. -
Das Geschirr ist noch abzuwaschen.

1. Die Rechnung muß innerhalb von 14 Tagen bezahlt werden.
2. Man kann die Tür leicht öffnen.
3. Man kann den Text schnell verstehen.
4. Diese beiden Formulare müssen ausgefüllt werden.
5. Der Brief muß noch geschrieben werden.
6. Man kann diesen Artikel leicht übersetzen.
7. Die Wände müssen neu gestrichen werden.

Übung 7

Was muß korrigiert werden? (Brief) - Der Brief ist zu korrigieren.

1. Was muß überprüft werden? *(Fahrzeit)*
2. Womit muß man rechnen? *(Verspätung)*
3. Was muß gereinigt werden? *(Jacke)*
4. Worauf muß geachtet werden? *(Pünktlichkeit)*
5. Was muß noch bestellt werden? *(Getränke)*
6. Was kann schnell beseitigt werden? *(Schäden)*
7. Worüber muß noch verhandelt werden? *(Einzelheiten)*
8. Was kann zum 31. Dezember gekündigt werden? *(Vertrag)*

Wortbildung

Das Präfix *ver-* bei Verben

Z. 25 ... sich verfahren ...

Das Präfix *ver-* hat keine einheitliche Bedeutung. Bei einigen reflexiven Verben bedeutet es *etwas verkehrt, falsch tun*.

sich versprechen - sich verlesen - sich verhören - sich verschreiben - sich verlaufen - sich versehen (= nicht nur etwas *falsch* sehen, sondern allgemein *sich irren*)

Übung 8

Sie haben das falsch geschrieben. - Sie haben sich verschrieben.

1. Wir sind in die falsche Richtung gefahren.
2. Ich habe nicht richtig gehört.
3. Wir haben nicht den richtigen Weg gefunden.
4. Du hast das Wort nicht richtig gelesen.
5. Ich wollte etwas anderes sagen.
6. Ihr habt euch geirrt.
7. Du hast das nicht richtig geschrieben.

1

Übung 9

Welche Antwort paßt zu welcher Frage?

1. Stimmt das Wort so?
2. Sind wir auf dem richtigen Weg?
3. Führt dieser Weg aus dem Wald heraus?
4. Habe ich das nicht gesagt?
5. Steht das Wort nicht so im Text?
6. Die Rechnung enthält mehrere Irrtümer.
7. Ihr wolltet doch um 8 Uhr kommen.

a) Nein, Sie haben sich verlaufen.
b) Nein, Sie haben sich versprochen.
c) Nein, du hast dich verschrieben.
d) Ich glaube, Sie haben sich verlesen.
e) Nein, ihr habt euch verfahren.
f) Nein, ihr habt euch bestimmt verhört.
g) Dann habe ich mich leider versehen.

Das Funktionieren des Alltags

BT 2

Grammatik
Das Futur I

Z. 3 ... *werden* Sie feststellen ...
Z. 7 Es *wird* nicht passieren ...
Z. 10 ... *werden* Sie ... antreffen ...

Bildung:

Präsens von *werden* + Infinitiv
ich werde feststellen
du wirst feststellen, usw.

Gebrauch:

a) Wenn Sie ... die Bahn oder das Flugzeug verlassen, werden Sie feststellen ...

Der Vorgang oder die Handlung wird als sicher angesehen. Sie liegt in der Zukunft.

b) Was macht Hans? Er wird (wohl) unterwegs sein.

Hier handelt es sich um eine Vermutung, die oft verstärkt wird durch: *wohl, wahrscheinlich, vermutlich, vielleicht*. Die Handlung liegt in der Gegenwart.

Aber: Wir werden uns wohl bei Hans treffen.

Hier handelt es sich um eine Vermutung, die in der Zukunft liegt, weil *treffen* ein perfektives Verb ist. Perfektive Verben begrenzen ein Geschehen zeitlich:

einschlafen = Anfang eines Geschehens
verblühen = Ende eines Geschehens

Im Gegensatz dazu bezeichnen die durativen Verben ein Geschehen ohne zeitliche Begrenzung: *schlafen, blühen*.

c) Eine solche Dummheit werde ich nicht noch einmal machen.

Absicht, Plan

d) Du wirst mir jetzt endlich die Wahrheit sagen!

Energische Aufforderung, Imperativ

Merken Sie: Wenn eine Handlung in der Zukunft liegt, aber eine Temporalangabe benutzt wird, gebraucht man im allgemeinen das Präsens:

Morgen abend gehen wir ins Konzert.
Nächste Woche fliege ich nach London.

Übung 10

Verwenden Sie das Futur I, und überlegen Sie, welche Bedeutung es in jedem Satz hat:

1. Im letzten Semester hat er die Prüfung nicht bestanden, aber dieses Mal ....
2. Jetzt stehe ich immer um 7 Uhr auf, aber im Urlaub .... erst um 10 Uhr ..... .
3. Anna ist noch nicht gekommen, aber sie ..... wohl noch ..... .
4. Jetzt gibt es fünf Milliarden Menschen, im Jahr 2000 .... sieben Milliarden ..... .
5. Einmal ist mir das passiert, aber .... mir kein zweites Mal ..... .
6. Kommt der Zug heute pünktlich, oder .... wieder Verspätung ..... ?
7. Warten Sie bitte einen Augenblick! Der Chef ..... Sie gleich empfangen.
8. Sie wollen sich nicht entschuldigen? Das ..... Sie noch bedauern.
9. Heute ist die Luft ja eisig, aber bald .... wärmer werden.

Übung 11

Wie wird die Erde in zehn Jahren sein?
Was würde a) ein Optimist, b) ein Pessimist, vermuten?

1. die Erdbevölkerung
2. viele Menschen (weniger; hungern)
3. die Umweltprobleme
4. die Rüstungsausgaben
5. die Krankheiten
6. Nahrungsmittel
7. Wohnraum
8. Kriege

Übung 12

Haben Sie gute Vorsätze für die kommende Zeit? -
Ja, ich werde weniger rauchen.

1. arbeiten
2. sparen
3. ausgehen
4. aufstehen
5. schlafen
6. studieren
7. lesen
8. fernsehen

1

Übung 13

Was versprechen die Politiker in ihren Wahlreden?

*Was haben Sie vor, wenn Sie die Wahl gewinnen? -
Wir werden die Arbeitslosigkeit beseitigen.*

1. Wirtschaftswachstum
2. Inflation
3. Einkommen
4. Kriminalität
5. Entwicklungshilfe
6. Steuern
7. Arbeitszeit
8. Wohnungsbau

Was fällt Ihnen noch ein?

Die Deklination II (schwache Deklination)

Z. 7 ... von einem ... Polizisten
Z. 12 ... von ihren Kollegen

Singular

N. der Polizist
A. den Polizist-en
D. dem Polizist-en
G. des Polizist-en

Plural

die Polizist-en
die Polizist-en
den Polizist-en
der Polizist-en

Wenn ein maskulines Nomen den Plural mit *-en* bildet *(r Polizist, -en)* oder mit *-n (r Junge, -n)* hat es in allen Fällen die Endung *-en* bzw. *-n*.

Besonders häufig ist das bei Fremdwörtern:
Student, Assistent, Präsident, Konsument, Absolvent, Klient usw.
Demonstrant, Fabrikant, Konsonant, Mandant, Elefant usw.
Soldat, Demokrat, Aristokrat, Automat usw.
Polizist, Sozialist, Kommunist, Komponist, Artist usw.
Fotograf, Geograph, Paragraph usw.
Psychologe, Pädagoge, Theologe, Demagoge, Geologe, Biologe usw.

Nationalitätensubstantive: *Russe, Pole, Chinese, Grieche, Türke* usw.

Bär, Graf, Prinz, Fürst, Junge, Löwe, Hase, Bote usw.

Ausnahmen: Nomen auf *-or (r Doktor, -en)* haben zwar im Plural *-en*, im Singular aber die normale Deklination, also im Genitiv Singular *-s*: *Professor, Motor, Traktor, Aggressor* usw.

Kein *-en* im Singular haben auch: *See (r See, -n), Staat, Strahl, Schmerz, Vetter*, d. h., sie folgen der normalen Deklination.

1

Folgende Wörter haben im Singular und Plural -en, aber im Genitiv Singular noch ein -s: *Name, Wille, Gedanke, Glaube, Buchstabe, Friede*, also: *des* Name*n*s.
Hierzu gehört auch das einzige neutrale Nomen, das "schwach" dekliniert wird: *s Herz, -en*.

r Bauer und *r Nachbar* haben in allen Fällen -n.
r Herr, -en hat im Singular immer -n, im Plural -en.

Übung 14

Setzen Sie die Deklinationsendungen ein:

1. Kennen Sie diese Herr.. ? Das sind die Assistent.. des Professor.. .
2. Erinnern Sie sich an den Nam.. des bekannten Theolog.. ?
3. Es gab Auseinandersetzungen zwischen Demonstrant.. und Polizist.. .
4. Ich bin so müde, ich kann beim besten Will.. keinen klaren Gedank.. fassen.
5. Wählt einen guten Demokrat.. zum Präsident.. !
6. Viele Jahre gab es ein Regierungsbündnis zwischen Freien Demokrat.. und Sozialdemokrat.. .
7. Wie ist der Nam.. Ihres Vetter.. ?
8. Fragen Sie doch Ihren Nachbar.. !
9. Kennen Sie meinen Kolleg.. ? Er ist ein ausgezeichneter Geolog.. .
10. Sie fragte mich nach dem Nam.. dieses See.. .
11. Wird das Land einen Sozialist.. oder einen Konservativ.. als Präsident.. haben?
12. Kennen Sie einen guten Röntgenolog.. und einen Chirurg.. ?
13. Ein Pädagog.. muß auch ein guter Psycholog.. sein.
14. Die Griech.. spielten gegen die Portugies.. .
15. Ist er Pol.. oder Russ.. ?

Übung 15

Bilden Sie sinnvolle Sätze:

sprechen / Kollege
Sprechen Sie mit Ihrem Kollegen!

einladen	Name	spielen	Sozialist
heiraten	Buchstabe	fragen	Junge
helfen	Präsident	schreiben	Professor
erklären	Bauer	konsultieren	Psychologe
buchstabieren	Herr Schmitt	sprechen	Assistent
wählen	Gedanke	informieren	Paragraph

Wortbildung

Das Suffix *-ung*

Z. 24 ... Auslegung ... Einhaltung ...

Mit dem Suffix *-ung* werden häufig Substantive von Verben abgeleitet:

auslegen   - Auslegung
einhalten   - Einhaltung
beschreiben   - Beschreibung
bestellen   - Bestellung usw.

Sie sind immer feminin. Das Substantiv auf *-ung* kann eine Handlung oder einen Vorgang beschreiben, es kann aber auch das Resultat einer Handlung sein, z. B. *die Rechnung*.

Übung 16

Ist es einfach, das Projekt zu beschreiben? -
Ja, die Beschreibung des Projekts ist einfach.

1. Ist es notwendig, den Plan zu ändern?
2. Ist es erforderlich, die Arbeit genau vorzubereiten?
3. Ist es nützlich, die Übungen zu verbessern?
4. Ist es vernünftig, die Vorschriften sinnvoll auszulegen?
5. Ist es nicht einfach, die Bestimmungen einzuhalten?
6. Ist es nicht ärgerlich, alle Kleinigkeiten zu reglementieren?
7. Ist es nicht schwierig, alle Spielregeln zu befolgen?
8. Ist es unkompliziert, die polizeiliche Anmeldung zu erledigen?
9. Ist es möglich, Unterschiede festzustellen?
10. Ist es nicht kleinkariert, alle Alltagsprobleme zu regeln?

1

Der Verbzusatz *an-*

Z. 8 ... angebrüllt werden

Einige Verben, z. B. *brüllen, schreien, schnauzen, reden, sprechen, lachen, lächeln* usw. werden durch den Verbzusatz *an-* transitiv und verändern auch ihre Bedeutung:
er brüllt mich an = er wendet sich an mich, indem er brüllt

Übung 17

Welche Satzteile passen zusammen?

1. Der Mann wurde sehr böse
2. Die Dame glaubte, daß sie mich kennt
3. Das Kind machte ein freundliches Gesicht
4. Die betrunkenen Männer begannen zu streiten
5. Die Demonstranten waren nicht aggressiv
6. Der Bahnbeamte war sehr nervös

a) und brüllten sich an.
b) und schnauzte seine Kollegen an.
c) und sprach mich an.
d) und lächelte mich an.
e) und begann uns anzuschreien.
f) und lachten die Polizisten an.

LV 2 Übung 18

Setzen Sie das passende Verb ein:

abgeben, abreisen, aufgeben, aufbrechen, buchen, ausbuchen, besetzen, belegen, bestellen, einquartieren, stecken, streichen, stehen, räumen, vermerken, unterbringen, verlassen, reservieren

1. In welchem Hotel sind Sie ..... ?
2. Hatten Sie das Zimmer vorher ..... ?
3. Das Hotel ist bis Ende des Monats total ..... .
4. Das Bad war ständig ..... .
5. Ich habe den Schlüssel im Schloß ..... lassen.
6. Er bekam ein Telegramm und ..... sofort ..... .
7. Leider müssen wir morgen schon wieder ..... .
8. Ich möchte außer der Fahrt auch noch zwei Übernachtungen ..... .

1

9. Es tut uns leid, aber Ihr Name ..... nicht in der Liste. Es ist auch nichts ..... .
10. Sie müssen Ihr Zimmer bis 12.00 Uhr ..... .
11. Sie hatten doch eine Wohnung in Berlin. Haben Sie die ..... ?
12. Das ganze Abteil ist mit einer Reisegruppe ..... .
13. Da alle Hotels ..... waren, wurden wir bei Familien ..... .
14. Wenn Sie das Hotel verlassen, ... Sie den Schlüssel an der Rezeption ..... !
15. Ich brauche das Zimmer nicht mehr. Sie können die Reservierung ..... .
16. Die alten Mieter werden die Wohnung bis zum Jahresende ..... .

Lückendiktat   HV 3

Erst kurz vor meiner Abreise hatte ich begonnen, _____ Deutsch zu lernen. Aber die Sprachbarriere war _____ _____ nicht das einzige Hindernis. Da waren die _____ kleinen Alltagsdinge. Beim Einsteigen in die U-Bahn _____ mir die Automatik einfach nicht. Ein deutscher Bärenführer kann sich _____ nicht vorstellen, was ich alles nicht weiß. Da _____ mir meine russische Freundin, die zwei Jahre vorher selber diesen _____ überstanden hatte. Von vielen Leuten werde ich mit _____ überschüttet. Trotzdem habe ich mich noch immer nicht an alles _____ , was hier anders ist als zu Haus.

Kapitel 2

Hisako Matsubara
BT 1 Ernst beim Essen

Grammatik
Einen Zweck oder eine Absicht ausdrücken

Z. 3 Also muß man essen, *um zu leben*.
Z. 8 ... dann ist Essen eine Pflichtübung *zur Erhaltung des Lebens,*
Z. 44 Suppe zu essen habe ich schon aufgegeben, *damit ich* mit dem Hauptgang eher *anfangen kann*.
Z. 46 Auf den Pudding verzichte ich auch meist freiwillig, *damit ich ... Zeit genug habe ...*

Der Finalsatz

a) *um zu + Infinitiv* drückt den Zweck einer Handlung aus. Das Subjekt in Haupt- und Gliedsatz muß gleich sein.
Also muß man essen, *um zu leben*.

b) *damit* leitet ebenfalls einen finalen Gliedsatz ein, wenn Haupt- und Gliedsatz verschiedene Subjekte haben.

Ich schicke Ihnen den Text, *damit Sie ihn korrigieren*.

Wie die Beispiele im Text zeigen, kann aber auch Subjektgleichheit bestehen.
Suppe zu essen habe *ich* schon aufgegeben, *damit ich ... anfangen kann*.
Hierbei können stilistische Gründe eine Rolle spielen, z. B. um Wiederholungen oder eine Häufung von Infinitiven zu vermeiden.

zu + Substantiv zeigt ebenfalls den Zweck einer Handlung.
... dann ist Essen eine Pflichtübung *zur Erhaltung* des Lebens.

Man fragt nach dem Zweck einer Handlung mit *wozu* oder auch *warum*.

Übung 1

Ich fahre nach Köln. Ich will dort ins Museum gehen.
Ich fahre nach Köln, um dort ins Museum zu gehen.

1. Wir fahren ins Gebirge. Wir wollen dort Ski laufen.
2. Ich gab Günter Geld. Er sollte mir Zigaretten mitbringen.
3. Sie ißt keine Suppe. Sie will gleich mit dem Hauptgang anfangen.

4. Er ging ins Kino. Er wollte sich den neuen Film ansehen.

5. Ich muß noch zum Schuhmacher. Er soll meine Schuhe besohlen. (2)

6. Wir brauchen Geld. Die Wohnung soll renoviert werden. (3)

7. Herr S. kam nach Deutschland. Er wollte Naturwissenschaften studieren. (2)

8. Bitte, kommen Sie morgen in mein Büro. Wir wollen den Vertrag abschließen. (3)

Übung 2

Welche Haupt- und Gliedsätze gehören zusammen?

1. Ich fahre aufs Land	a) zur Reparatur!
2. Man lebt nicht	b) damit die anderen nicht auf ihn warteten.
3. Er ging schnell nach Hause	c) damit ich schlafen kann.
4. Wir haben ihr die Maschine gekauft	d) um zu essen.
5. Bringe die Uhr	e) um eine Verabredung auszumachen.
6. Mache das Licht aus	f) um endlich Ruhe zu haben.
7. Ich muß Carola anrufen	g) zur Finanzierung der Wohnung.
8. Wir brauchen Geld	h) damit sie Ruhe gibt.
	i) damit sie ihr die Arbeit erleichtert.

Übung 3

1. Wozu gehen Sie zur Bank? *(Geld abheben)*

2. Wozu gehen Sie zum Friseur? *(Haare schneiden)* (2)

3. Wozu studierst du? *(Arzt werden)*

4. Wozu brauchen Sie viel Zeit? *(Frage klären)* (2)

5. Wozu macht man Urlaub? *(sich erholen)* (2)

6. Wozu lernen Sie Stenographie? *(schnell schreiben)*

7. Wozu ist der Hund da? *(Haus bewachen)* (2)

8. Wozu sind Investitionen nötig? *(Wirtschaft entwickeln)* (3)

2

Eine Information ohne eigene Stellungnahme weitergeben

Z. 9 ..., denn Selbstmord *soll* ja Sünde sein.
Z. 15 ..., welches der edelste Teil des Menschen sein *soll*.

Das Modalverb *sollen* drückt hier aus, daß man eine Information weitergibt, ohne sich mit ihr zu identifizieren.

= es wird gesagt / die Leute meinen, daß Selbstmord Sünde ist.

Übung 4

In der Zeitung stand, daß es in Bayern große Überschwemmungen gegeben hat.
In Bayern soll es große Überschwemmungen gegeben haben.

1. Das Radio meldete, daß es wieder kälter wird.
2. Ich habe gelesen, daß in vielen Ländern die Menschen hungern.
3. In den Nachrichten wurde gesagt, daß die Opposition die Wahlen gewonnen hat.
4. In den Büchern steht, daß das Porzellan aus China kommt.
5. Die Zeitung berichtete, daß der Verbrauch von Fleisch sich erhöht hat.
6. Die Presse meldete, daß die Inflation wieder zugenommen hat.
7. In einem Artikel stand, daß in Deutschland zu viel Alkohol getrunken wird.
8. Wir hörten im Radio, daß ein Verkehrsflugzeug über dem Mittelmeer abgestürzt ist.

Übung 5

Worüber haben Sie in der letzten Zeit Informationen gehört? (Innen- und Außenpolitik, Wirtschaft, Inflation, Arbeitslosigkeit, Theater, Film, Ausstellungen usw.)

Eine Vermutung ausdrücken

Z. 12 ... dann *könnte* vielleicht auch im Essen ein höherer Sinn *verborgen liegen*

Vorsichtiger Ausdruck der Vermutung. Es ist nur eine Eventualität, und es gibt überhaupt keine Sicherheit, daß es sich so verhält.

Z. 23 Die Japaner ... *scheinen* mir in diesem Punkte eher den Franzosen *nahezustehen*.

Auch hier handelt es sich um eine Vermutung. Das *mir* betont stark den subjektiven Eindruck.

Ausdrücke der Vermutung

1. Futur
   Dann *wird* auch im Essen ein höherer Sinn verborgen *liegen*.
   (Wahrscheinlichkeit)

2. Adverbien
   vielleicht, eventuell, möglicherweise, vermutlich, wahrscheinlich
   Dann liegt vielleicht auch im Essen ein höherer Sinn verborgen.
   (Möglichkeit)

3. Modalverben

a) *müssen*
   Dann *muß* auch im Essen ein höherer Sinn verborgen *liegen*.
   (sichere Vermutung)
   Dann *müßte* auch im Essen ein höherer Sinn verborgen *liegen*.
   (nicht ganz sichere Vermutung)

b) *dürfen* (Konjunktiv II)
   Dann *dürfte* auch im Essen ein höherer Sinn verborgen *liegen*.
   (eher sichere Vermutung)

c) *können*
   Dann *kann* auch im Essen ein höherer Sinn verborgen *liegen*.
   (Möglichkeit)

   Dann *könnte* auch im Essen ein höherer Sinn verborgen *liegen*.
   (vorsichtig geäußerte Eventualität)

d) *mögen*
   Dann *mag* auch im Essen ein höherer Sinn verborgen *liegen*.
   (indifferente Konzession)

Übung 6

Bitte äußern Sie Vermutungen zu folgenden Fragen. Benutzen Sie dabei Modalverben.

1. Wird die Arbeitslosigkeit auf der Welt in den nächsten Jahren steigen oder sinken?
2. Werden die Ausgaben für Rüstung sich vergrößern oder verringern?
3. Wie groß ist die Erdbevölkerung?

4. Was kostet ein Essen in einem Drei-Sterne-Restaurant?
5. Wie lange ist man unterwegs, wenn man im Zug von Lissabon nach Wladiwostok fährt?
6. Welches Land hat den höchsten Lebensstandard?
7. Was ist im Leben besonders wichtig?
8. Wo gibt es die schönsten Frauen?
9. Welche Küche ist am gesündesten?
10. Wer ist der intelligenteste Staatsmann?

Übung 7

Was könnte in folgenden Situationen passieren?

a) Wenn die Erdbevölkerung sich verdoppeln würde (Arbeitslosigkeit, Unterernährung, Hungersnot, Einschränkung der persönlichen Freiheit, Bildung von Diktaturen, Kriege)

b) Wenn es durch eine neue Erfindung keine Energieprobleme mehr geben würde (Lebensstandard, Umweltprobleme, Atomenergie, wirtschaftlicher Fortschritt, politische Konflikte).

Relativsätze

Z. 14 ... Alkohol, *der* auf das Gehirn wirkt, *welches* der edelste Teil des Menschen sein soll, und *über dessen* Funktion man folglich gerne spricht.
Z. 21 In Japan gibt es ein Sprichwort, *welches* behauptet ...
Z. 31 ... die Worte, *mit denen* mir ... etwas angeboten wurde ...

Das Relativpronomen steht im allgemeinen direkt hinter dem Wort, das es erklärt:

Dieses *Buch, das* kürzlich erschienen ist, finden Sie in jeder größeren Buchhandlung.

Infinitive, Partizip Perfekt und Verbzusätze stehen hinter dem zu erklärenden Wort:

Auf dem Bahnsteig 1 | soll der Zug *ankommen*, | der 20 Minuten Verspätung hat.
| ist der Zug *angekommen*, |
| kommt der Zug *an*, |

In der Schriftsprache verwendet man öfter, auch wegen der stilistischen Abwechslung *welcher, welches, welche*. Dieses Relativpronomen wird wie das Fragenpronomen *welcher* dekliniert. Es hat allerdings keinen Genitiv!

Das Beispiel: ... das Gehirn ..., *über dessen* Funktion man folglich gerne spricht, ... kann also nicht mit einer Form von *welcher* ersetzt werden.

Übung 8

Bilden Sie Relativsätze.

1. Wir kennen hier eine Familie. Unsere Kinder besuchen sie oft.
2. Das ist ein Fremdwort. Das habe ich noch nie gehört.
3. Das Schloß ist schon wieder kaputt. Es wurde erst vor einer Woche repariert.
4. Unsere Bibliothek hat 20 000 Bände. Sie können sich diese alle ausleihen.
5. Essen ist eine Pflichtübung. Man scheint sich ihr in Deutschland nicht gerne zu unterwerfen.
6. Hier wohnt ein Apotheker. Wir kaufen in seinem Geschäft öfter Medikamente.
7. Ich mag solche Sätze nicht. Man muß lange darüber nachdenken.
8. Wir kennen hier eine Familie. Unsere Kinder spielen oft mit ihren Kindern.
9. Das ist ein ernsthaftes Problem. Wir müssen darüber sprechen.
10. Dieser Herr ist mir sehr sympathisch. Ich unterhalte mich öfter mit ihm.

Übung 9

1. Hast du die Broschüre besorgt, ... ich dich gebeten hatte?
2. Ich habe die Adresse nicht gefunden, ... Sie mich gestern gefragt hatten.
3. Du mußt noch die Uhr abholen, ... du neulich zur Reparatur gebracht hast.
4. Über uns wohnt eine Familie, ... Hund nachts dauernd bellt.
5. Hier sind die Abfahrtszeiten, ... du dich erkundigen wolltest.
6. Dort spielen die Kinder, ... Frechheiten ich mich schon oft geärgert habe.
7. Bitte, schicken Sie uns einen Prospekt, ... wir genaue Angaben finden.

2

8. Der Metzger, ... wir öfter einkaufen, will sein Geschäft schließen.

9. Die Universität, ... er damals studierte, hatte nur 3000 Studenten.

10. Unsere Nachbarn, ... wir sehr befreundet waren, ziehen leider um.

Übung 10

Was ist ein Eßtisch?
Ein Eßtisch ist ein Tisch, an dem man ißt.

Was ist 1. ein Übungsbuch? - 2. ein Wintermantel? - 3. ein Fahrplan? - 4. ein Blumengeschäft? - 5. eine Leihbibliothek? - 6. eine Schreibmaschine? - 7. ein Wecker? - 8. eine Kaffeetasse? - 9. ein Suppenteller?

Vergleichssätze

Z. 39 ... *Je besser* es schmeckt, *um so mehr* Zeit nehmen sie sich.

Je + Komparativ und *um so/desto + Komparativ* drücken einen proportionalen Vergleich aus. Im Satz mit *je* steht dabei das Verb am Ende, im Satz mit *um so* oder *desto* hat das Verb Hauptsatzstellung:

Je länger ich über die Sache nachdenke, desto (um so) problematischer wird sie mir.

Übung 11

Wenn man lange lebt, macht man viele Erfahrungen.
Je länger man lebt, desto (um so) mehr Erfahrungen macht man.

1. Wenn Gemüse lange gekocht wird, werden viele Vitamine getötet.

2. Wenn der Wein alt ist, ist sein Alkoholgehalt hoch.

3. Wenn das Gehalt hoch ist, zahlt man hohe Steuern.

4. Wenn ein Haus alt ist, hat man häufig Reparaturen.

5. Wenn ein Restaurant gut kocht, sind die Gäste zufrieden.

6. Wenn man gerne Wein trinkt, braucht man große Vorräte.

7. Wenn die Leute viel verdienen, geben sie viel für den Urlaub aus.

8. Wenn eine Politik realistisch ist, hat sie dauerhaften Erfolg.

Übung 12

dicke Bücher – wenige Leser
Je dicker die Bücher sind, um so weniger Leser finden sie.
　　　　　　　　　　　　　desto weniger werden sie gelesen.

1.	kaltes Wetter	– warme Kleidung
2.	Wachsen der Produktivität	– Sinken der Beschäftigtenzahl
3.	Steigen der Bahntarife	– Abnahme der Zahl der Fahrgäste
4.	schnelles Fahren	– gefährliche Unfälle auf der Autobahn
5.	Wachsen der Industrie	– Zunahme der Umweltprobleme
6.	hohe Gehälter	– große Ausgaben für Luxusgüter
7.	Abholzen großer Waldflächen	– starke Veränderungen des Klimas
8.	Ausbildungsniveau der Ingenieure	– Stand der Technologie
9.	intensive Nachfrage	– Ansteigen der Preise von Waren
10.	Fortschritte in der Medizin	– Erhöhung der Lebenserwartung

Infinitiv + *bleiben*

Z. 31 ... sind mir die Worte unauslöschlich im Gedächtnis *haftengeblieben*.
stehen, liegen, sitzen, hängen, wohnen, leben, haften, bestehen, bleiben
stehenbleiben, liegenbleiben, sitzenbleiben, hängenbleiben, haftenbleiben

Wenn diese Verben in einem Wort geschrieben werden, bekommen sie eine andere, mehr abstrakte Bedeutung. Vergleichen Sie:

Sie ist vor dem Schaufenster *stehen geblieben*.
Meine Uhr ist *stehengeblieben*. (Sie funktioniert nicht mehr.)
Carola ist heute bis zehn Uhr *liegen geblieben*.
Ihre Tasche ist neulich bei uns *liegengeblieben*. (Sie wurde vergessen.)
Als das Gericht eintrat, sind einige Zuhörer *sitzen geblieben*.
Mehrere Schüler sind *sitzengeblieben*. (Sie wiederholen die Klasse.)
Die alten Gardinen sind *hängen geblieben*.
Er wollte immer in eine andere Stadt, aber er ist dann in Freiburg *hängengeblieben*. (Er blieb dort, ohne es direkt zu wollen.)
Die Folie ist nicht *haften geblieben*.
Dieser Eindruck ist mir im Kopf *haftengeblieben*. (Er hat sich eingeprägt.)

2

Übung 13

Bitte antworten Sie:

1. Schläft Carola immer noch? - Nein, sie ist krank und .....
2. Ist Ihr Sohn versetzt worden? - Nein, ...
3. Warum fährt das Auto nicht weiter? - Der Motor .....
4. Habe ich meinen Regenschirm bei Ihnen vergessen? - Ja, ...
5. Hast du die Plakate nicht mitgenommen? - Nein, ...
6. Hat Hans die Universität gewechselt? - Nein, ... in Tübingen .....
7. Warum ist dein Koffer nicht angekommen? - Vielleicht ist die Adresse nicht .....
8. Hast du den Film völlig vergessen? - Nein, einige Bilder ..... im Kopf .....
9. Ist der Polizist weitergegangen? - Nein, ...
10. Wohnt sie immer noch in Bremen? - Ja, sie .....

Verbzusätze

Z. 23 Die Japaner ... scheinen mir ... eher den Franzosen *nahezustehen*.

1. Bei den Verben *abfahren, ankommen, einsteigen* haben wir Verbzusätze in Form von früheren Raumadverbien.
2. Auch Substantive können die Funktion eines Verbzusatzes übernehmen: *autofahren, radfahren, teilnehmen, achtgeben*.
3. Verben können ebenfalls Verbzusätze sein: *sitzenbleiben, liegenlassen*.
4. Bei *nahestehen* hat ein Adjektiv die Funktion eines Verbzusatzes. Das Adjektiv modifiziert die Bedeutung des Verbs. Verbindungen von Adjektiven mit Verben sind sehr häufig.

Einige Beispiele mit *nahe:*

nahestehen
Die Japaner scheinen in diesem Punkte den Franzosen *nahezustehen*.
(= ähnlich sein)
Die Zeitung steht den Wirtschaftskreisen *nahe*. (= sympathisieren mit)

nahebringen
Es ist nicht einfach, Kindern Literatur *nahezubringen*. (= Interesse dafür wecken)
Bringen Sie ihm die Nachricht schonend *nahe*! (= mitteilen, klarmachen)

nahegehen
Sein Tod ist mir *nahegegangen*. (= beeindrucken, bewegen)

nahekommen
Was der Verfasser schreibt, *kommt* der Wahrheit *nahe*. (= sich annähern)

nahelegen
Der Chef hat ihm *nahegelegt*, sich um einen anderen Posten zu bewerben.

naheliegen
Der Gedanke *liegt nahe*, daß es bald zu einem Wechsel in der Regierung kommt (= man hält es für wahrscheinlich)
Es *liegt nahe*, daraus eine Konsequenz zu ziehen. (= man hält es für verständlich und richtig.)

Übung 14

Verwenden Sie Verben mit *nahe-*.

1. Seit längerer Zeit sympathisiert er mit den Rechten.
2. Unsere Familien waren miteinander befreundet.
3. Es ist schwierig, bei Hans Interesse für Malerei zu wecken.
4. Diese Auffassungen ähneln sich.
5. Teilen Sie ihm das vorsichtig mit!
6. Die Meldung von dem Unfall hat mich sehr beeindruckt.
7. Diese Erklärung nähert sich der Wahrheit an.
8. Wir empfehlen Ihnen, sich später wieder zu bewerben.
9. Es ist verständlich, wenn man den Skandal aufklären will.
10. Der Verdacht ist wahrscheinlich, daß man die Wahrheit verschweigen will.

2

Michel Meyer

LV 1 Ein Land ohne Feinschmecker

Wortschatz

Es geht darum / ist wichtig / kommt darauf an

Z. 3 *Es geht darum,* ... arbeitsfähig zu sein.
 = *Es ist wichtig,* daß man arbeitsfähig ist.
 Es kommt darauf an, arbeitsfähig zu sein.

Übung 15

Sagen Sie die folgenden Sätze anders:

1. Es ist wichtig, morgens ein reichhaltiges Frühstück zu sich zu nehmen.
2. Es kommt darauf an, daß das Mittagessen sättigend ist.
3. Es geht darum, aus diesem Ritual auszubrechen.
4. Es kommt darauf an, einer gewissen Elite nachzueifern.
5. Es ist wichtig, daß man das Leeregefühl ausschaltet.
6. Es geht darum, ein halbes Dutzend Butterbrote zu verschlingen.
7. Es kommt darauf an, maßvoll zu sein.
8. Es ist wichtig, alles zu essen, was auf den Tisch kommt.

Übung 16

Bitte antworten Sie mit *es geht darum* + Infinitivsatz oder *daß man*.

1. Worum geht es beim Lernen einer Sprache?
2. Worum geht es beim Mieten einer Wohnung?
3. Worum geht es beim Kauf von Möbeln?
4. Worum geht es bei der Erziehung der Kinder?
5. Worum geht es beim Lesen einer Zeitung?

... besteht in ...

Z. 24 Die einzige Möglichkeit ... *besteht im Besuch* eines der vielen Restaurants ...
 = Die einzige Möglichkeit ... *besteht darin,* eines der vielen Restaurants *zu besuchen.*

Übung 17

Bitte verwenden Sie statt des Substantivs ein Verb.

1. Seine Arbeit besteht im Berechnen von Brückenkonstruktionen.
2. Die Alternative besteht im Bestellen eines anderen Menüs.
3. Die Hauptarbeit eines Briefträgers besteht im Austragen von Briefen.
4. Die Schwierigkeit besteht im Finden einer anderen Wohnung.
5. Ihr Auftrag besteht im Ausarbeiten eines genauen Planes.

Übung 18

Bitte antworten Sie, wenn möglich, mit Verb und Substantiv.

1. Worin besteht die Arbeit eines Schuhmachers?
2. Worin besteht die Arbeit eines Schneiders?
3. Worin besteht die Arbeit eines Kellners?
4. Worin besteht die Arbeit eines Bankangestellten?
5. Worin besteht Ihre Arbeit?
6. Worin besteht die Funktion einer Uhr?
7. Worin besteht die Funktion eines Thermometers?
8. Worin besteht die Funktion eines Kompasses?

Peter O. Fischer
Ausländische Küche in Deutschland BT 2

Grammatik
Relativpronomen *was, wo* + Präposition

bei unbestimmten Pronomen, substantivierten Adjektiven und Superlativen

Z. 4 Der Mann ißt ohnehin, *was* auf den Tisch kommt.
   Man könnte ergänzen: *das, was; alles, was.*
Z. 7 Die beiden wissen, daß *das, was* der Italiener oder der Spanier in seinem Hotel anbietet, auch nicht besser ist als *das, was* die Nahrungsmittelindustrie produziert.

2

Das ist *nichts, was* mich ärgert.
worüber ich mich ärgere.
Du machst *etwas, was* nicht erlaubt ist.
womit ich nichts zu tun haben will.
Sie erzählte *alles, was* sie erlebt hatte.
wonach wir sie fragten.
Er weiß *vieles, was* ich nicht weiß.
worüber ich mich noch informieren muß.
Sie sprach über *wenig, manches, allerlei, was* mich interessierte.
wovon ich nichts wußte.
Das ist *dasselbe, was* Anna sagte.
wovon Anna sprach.
Das ist *das Interessanteste, was* ich seit langem gehört habe.
womit er sich beschäftigt hat.

Übung 19

Ich habe nicht alles verstanden. Was wollte der Mann wissen?
Ich habe nicht alles verstanden, was der Mann wissen wollte.

1. Ich habe nicht alles verstanden. Wonach erkundigte sich der Mann?
2. Ich habe nicht alles verstanden. Worüber wollte er sich informieren?
3. Ich habe nicht alles verstanden. Worüber hast du dich geärgert?
4. Ich habe nicht alles verstanden. Womit will sie sich beschäftigen?
5. Ich habe nicht alles verstanden. Worauf freut ihr euch?
6. Ich habe nicht alles verstanden. Worüber waren sie überrascht?

Übung 20

1. Hast du alles verstanden, ... der Mann fragte?
2. Hast du alles verstanden, ... der Mann sich erkundigte?
3. Das ist etwas, ... ich schon lange wissen wollte.
4. Das ist etwas, ... ich schon lange nachgedacht habe.
5. Weißt du alles, ... man bei der Prüfung wissen muß?
6. Weißt du alles, ... man bei der Prüfung informiert sein muß?
7. Sie sagte vieles, ... ich nicht wissen wollte.
8. Sie sagte vieles, ... ich mich freue.
9. Das ist das Unverschämteste, ... mir seit langem passiert ist.

10. Das ist das Unverschämteste, ... man rechnen konnte.
11. Er erzählte allerlei, ... für mich neu war.
12. Er erzählte allerlei, ... ich überrascht war.
13. Wir sagten ihm dasselbe, ... wir ihr auch schon gesagt hatten.
14. Wir sagten ihm dasselbe, ... sie uns auch schon gefragt hatte.
15. Ich schreibe dir nichts, ... dich aufregen könnte.
16. Ich schreibe dir nichts, ... du dich ärgern könntest.

Konzessivsätze als Ausdruck von Gegensatz oder Einschränkung

Z. 15 *So* schön sie singen können, dreckig sind sie *doch* ...
oder auch: *So* schön sie *auch* singen können, *so* sind sie *doch* sehr dreckig.

(= lebhafte, emphatische Sprache. Der Satz muß immer ein Adjektiv oder ein Adverb haben, auf das *so* sich bezieht)

= Wenn sie auch schön singen können, sind sie doch dreckig.
  Obwohl sie schön singen können, sind sie (doch) dreckig.
  Obgleich sie schön singen können, sind sie (doch) dreckig.

Übung 21

Wenn Carola auch hübsch ist, geht sie mir doch auf die Nerven.
So hübsch Carola (auch) ist, auf die Nerven geht sie mir doch.

1. Obwohl Hans viel weiß, wird er das Examen nicht schaffen.
2. Obwohl Ursula phantasiereich ist, kann sie nicht gut kochen.
3. Wenn ich auch großen Wert auf guten Wein lege, kann ich doch ohne ihn leben.
4. Wenn dieses Getränk auch alkoholreich ist, werde ich doch nicht davon betrunken.
5. Obwohl dieses Essen gesund ist, möchte ich es nicht öfter als einmal im Monat.
6. Wenn das Hotel auch komfortabel ist, möchte ich nicht den ganzen Urlaub hier verbringen.
7. Obgleich die Pizza frisch aus dem Ofen kommt, ist sie nicht viel besser als eine aus der Tiefkühltruhe.
8. Wenn das Buch auch intelligent geschrieben ist, sagt es wenig über unsere Zeit.

2

Voraussetzungen, Bedingungen ausdrücken

Z. 23 Eine deutsche Aufsicht müßte in den Ausländerlokalen sein, dann würde ich sogar beim Türken essen gehen.

Diese aus zwei Hauptsätzen gebildete Konditionalstruktur ist lebendiger und ausdrucksvoller als der "normale" Bedingungssatz:

Wenn eine deutsche Aufsicht in den Ausländerlokalen wäre, würde ich sogar beim Türken essen gehen.

Der erste Hauptsatz hat häufig den Charakter einer Forderung oder Bedingung und verwendet oft den Konjunktiv II der Modalverben *müssen, sollen*, aber der Indikativ ist auch möglich:

Es muß mehr soziale Gerechtigkeit geben, dann sind die Leute auch zufriedener.

Übung 22

Wenn wir mehr Geld hätten, könnten wir uns auch mehr leisten.
Mehr Geld sollten wir haben, dann könnten wir uns auch mehr leisten.

1. Wenn wir mehr gelesen hätten, wüßten wir jetzt mehr.
2. Wenn das Hotel sauber wäre, wäre der Aufenthalt das reinste Vergnügen.
3. Wenn ich erst mein Gehalt hätte, würde etwas Gutes auf den Tisch kommen.
4. Wenn es wärmer wäre, könnten wir schwimmen gehen.
5. Wenn wir ein gutes Restaurant kennen würden, könnten wir zu einem großen Essen einladen.
6. Wenn die Leute weniger Auto fahren würden, hätte man auf den Straßen nicht dieses heillose Durcheinander.
7. Wenn wir eine Tiefkühltruhe hätten, brauchten wir seltener einzukaufen.
8. Wenn ich schneller essen könnte, müßte ich nicht auf den Nachtisch verzichten.

Übung 23

man / pensioniert sein / viel Zeit haben
Pensioniert müßte man sein, dann hätte man viel Zeit.

1. ich / ein gutes Wörterbuch haben / die Übersetzung machen können
2. die Leute / sich mehr Zeit nehmen / besser essen

3. wir / geschickter sein / mit Stäbchen essen können

4. Restaurants / kontrolliert werden / dort ordentlicher zugehen

5. es / interessantes Fernsehprogramm geben / wir / sich nicht langweilen

6. ich / viel Kleingeld haben / in ein Luxusrestaurant gehen

Das Demonstrativpronomen *der, die, das*

Z. 13 ... wie es bei *dem* in der Küche zugeht.
Z. 14 ... wie oft *der* sich die Hände wäscht.
Z. 17 Ich hab mal zufällig in die Küche geschaut bei *dem* ...
Z. 28 ... warum *die* bloß bei uns so dreckig sind.

der, die, das hat in diesen Beispielen pejorative Bedeutung. Würde man hier statt dessen das Personalpronomen verwenden, wäre die Aussage weniger aggressiv.
der, die, das muß diese pejorative Nebenbedeutung aber nicht haben und wird häufig wie die Personalpronomen gebraucht:

Siehst du die beiden Männer? Was machen *die*?

Übung 24

Bitte antworten Sie mit den Demonstrativpronomen.

1. Haben Sie kürzlich mit Herrn Schmidt gesprochen? (nein / lange nicht / sehen)

2. Wie geht es Hans? (nichts / hören / von)

3. Frage doch Cornelia! (nein / viel Ärger / haben / mit)

4. Rufen Sie doch Herrn Schulz an! (schon / zweimal / versuchen / sprechen / mit)

5. Schreibst du Ursula einen Brief? (nein / gestern / telefonieren)

6. Möchtest du ein Glas Sherry? (nein / zu süß / sein)

7. Möchtest du eine Tasse Jasmin-Tee? (ja / gerne / trinken)

8. Kaufst du diese Zeitung? (nein / nicht lesen)

Das Relativadverb *wo*

Z. 19 *Wo keine Ordnung ist*, kann's auch nicht sauber sein.

Das Relativadverb *wo* leitet hier einen Relativsatz ein, der die Funktion eines Satzgliedes (Lokalangabe) hat. Ebenso bei *wohin*:

Ich gehe, *wohin ich will*.

Wenn der Satz mit dem Relativadverb *wo* am Anfang steht, beginnt der Hauptsatz häufig mit einem *da*:

Wo keine Ordnung ist, *da* kann's nicht sauber sein.

Übung 25

Wo wohnen Sie nicht gern? - (Wo die Leute viel klatschen)
Wo die Leute viel klatschen, da wohne ich nicht gern.

1. Wo machen Sie gern Urlaub? - *(Wo eine ganz andere Umgebung ist)*

2. Wo kann das Leben nicht angenehm sein? - *(Wo zu viele Leute auf engem Raum wohnen)*

3. Wo verbringt er seine Freizeit? - *(Wo es ihm Spaß macht)*

4. Wo kann man nicht arbeiten? - *(Wo man dauernd Ärger hat)*

5. Wo ist das Zusammenleben schwierig? - *(Wo man nicht tolerant ist)*

6. Wo sind Dienstleistungen teuer? - *(Wo der Lebensstandard hoch ist)*

7. Wo kann man sich nicht konzentrieren? - *(Wo ein großes Durcheinander herrscht)*

8. Wo gehen Sie nicht gern essen? - *(Wo man nicht gut bedient wird)*

Z. 28 Im letzten Urlaub, *wo* wir wieder in Italien waren ...
   = Im letzten Urlaub, *in dem* (oder auch: *als*)

Das Relativadverb *wo* kann hinter einem Substantiv stehen, das einen Raum oder eine Zeit bezeichnet.

Übung 26

Der Louvre ist ein Museum, wo man Kunstschätze aus vielen Ländern sehen kann.
Der Louvre ist ein Museum, in dem man Kunstschätze aus vielen Ländern sehen kann.

1. Italien ist ein Land, wo man gut Urlaub machen kann.

2. Wir leben in einer Zeit, wo der Tourismus ein wichtiger Wirtschaftszweig geworden ist.

3. In den letzten Semesterferien, wo wir bei einer Zeitung arbeiteten, haben wir nur wenig Geld verdient.

4. Berlin ist eine Stadt, wo es viele wichtige Museen gibt.

5. Früher gab es lange Zeiten, wo die Leute Hunger litten.

6. Man führte ihn in ein Zimmer, wo nur ein Tisch und ein Stuhl standen.

7. Den letzten Reisetag verbrachten wir in einem Hotel, wo wir öfter durch lauten Lärm gestört wurden.

8. Der Adel baute sich Schlösser, wo großer Luxus herrschte.

Wortschatz

kommen

Z. 3 Der Mann ißt ohnehin, *was auf den Tisch kommt*.
Wann *ist* er *auf die Welt gekommen*? (= wann wurde er geboren?)
Wir *kamen auf eine* gute *Idee*.
Wir *kamen auf einen* klugen *Gedanken*.
Wir *kamen auf ein* interessantes *Thema*.
Ich *komme* nicht *auf seinen Namen*. (= ich kann mich nicht an seinen Namen erinnern)

Z. 11 wenn die Pizza beim Italiener frisch *aus dem Ofen kommt* ...
Wann *kommt* Ihr Sohn *aus der Schule*? (= a) um 1 Uhr oder um 2 Uhr?; b) wann beendet er sie definitiv?)
Ich *bin* seit drei Tagen nicht *aus dem Hause gekommen*. (= ich habe die Wohnung nicht verlassen)
Unsere Unterhaltung *kommt* mir nicht *aus dem Sinn*. (= ich muß immer daran denken)
Hüte *sind* ganz *aus der Mode gekommen*. (= sind unmodern geworden)

Übung 27   LV 1

Bitte antworten Sie. Benutzen Sie dabei Ausdrücke mit *kommen*.

1. Gibt es bei Meiers manchmal Pizza? - Nein, ...

2. Können Sie sich an die Adresse von Herrn Neumann erinnern? - Nein, ...

3. Trägt man heute noch Lackschuhe? - Nein, ...

4. Waren Sie in letzter Zeit öfter aus? - Nein, ...

5. Beendet Ihre Tochter die Schule in diesem oder im nächsten Jahr? - Im nächsten Jahr .....

6. Siehst du, wie man das Problem lösen kann? - Nein, ...

7. Wovon haben Sie geredet? - Ach, wir sind auf alle möglichen .....

8. Wie konnte diese Meinung entstehen? - Ich weiß auch nicht, wie .....

9. Wollen wir frische Brötchen kaufen? - Sie sind eben .....

2

HV 1 Lückendiktat

Die grauen Winter und _____ Sommer gehören _____ zu unserem Wetter. Wir sind _____ klimatisch _____ kulinarisch ein bevorzugter Landstrich. Nicht _____ halten Deutsche den Weltrekord in Auslandsreisen. Daß man in Frankreich besser ißt als bei uns und _____ _____ wohl auch in Italien, das _____, wie ich meine, _____ Diskussion. Wir sind auch in diesen Dingen ein sehr _____ Volk, _____ Extreme: einerseits Spitzenleistungen unserer Gastronomie, die sogar quantitativ immer mehr ____ _____ fallen. Andererseits trostlose Zustände in der _____ _____. Und dann gehen Sie einmal in einen Supermarkt und _____ Sie, wie da der _____ Schund kritiklos eingekauft wird, und _____ _____ von jenen Zeitgenossen, die für die bessere Küche _____ kein Geld haben.

Kapitel 3
Warum nicht auf dem Land leben?

BT 1

Grammatik

Das Suffix *-bar*

Z. 7 Früher war das Leben in der Stadt und auf dem Land kaum *vergleichbar*.

Z. 9 ... aber sie sind immer noch *sichtbar*.

Das Suffix *-bar* hat bei transitiven Verben passivische Bedeutung:

a) *vergleichbar* ist etwas, was verglichen werden kann
   sichtbar ist etwas, was gesehen werden kann
b) Die Summe ist innerhalb von 14 Tagen *zahlbar*. Die Summe *muß* innerhalb von 14 Tagen *gezahlt* werden.

Hier drückt *-bar* einen Zwang, eine Notwendigkeit aus, die häufigere Bedeutung ist aber *können*.

Das Suffix *-bar* wird auch bei anderen Arten der Adjektivbildung verwendet und hat dann eine ganz andere Bedeutung, etwa bei: *kostbar, wunderbar* usw.

Bildung:

vergleichen - *vergleich*-bar

Ausnahmen:

sehen - (un)*sicht*bar
kündigen - (un)*künd*bar

Die Verneinung erfolgt häufig durch die Vorsilbe *-un*. Aber das ist nicht immer möglich:

bewohnbar	- unbewohnbar
bezahlbar	- unbezahlbar
erreichbar	- unerreichbar
vermeidbar	- unvermeidbar
hörbar	- unhörbar
verwendbar	- unverwendbar usw.

-bar ist ein produktives Suffix, d. h. es können damit auch heute noch neue Wörter gebildet werden.

Übung 1

Sind die Unterschiede sichtbar? - Ja, die kann man sehen.

1. Sind diese Pilze eßbar?

2. Ist der Stoff waschbar?

3

3. Sind diese Fragen vergleichbar?
4. Ist das Wasser trinkbar?
5. Ist das Haus noch bewohnbar?
6. Ist die Wohnung bezahlbar?
7. Ist das Gerät noch reparierbar?
8. Ist der Standpunkt vertretbar?
9. Sind diese Leistungen erreichbar?
10. Ist diese Einschätzung erkennbar?

Übung 2

Kann man das Fach abschließen? - Ja, es ist abschließbar.

1. Kann man das Verb trennen?
2. Kann man die Bücher ausleihen?
3. Sind solche Irrtümer zu vermeiden?
4. Läßt sich die Infrastruktur finanzieren?
5. Kann man das alles machen?
6. Sind die Geräusche zu hören?
7. Läßt sich das Wörterbuch verwenden?
8. Kann man die Mikroben sehen?
9. Kann man Angestellten kündigen?
10. Lassen sich die Berufsgruppen vergleichen?

Zur Wiederholung und Erweiterung des Passivs

Z. 10 Von vielen *wird* das Leben in Dörfern und kleinen Orten positiv *bewertet*.
Z. 12 Vor wenigen Jahrzehnten *wurde* es noch als großer Nachteil *angesehen*.
Z. 19 Diese gewandelte Einschätzung *darf* nicht *übersehen werden*.
Z. 51 Wer das nicht kann, *ist* für das Landleben nicht *geboren*.

Man bildet das Passiv mit dem Verb *werden* und dem *Partizip Perfekt* des betreffenden Verbs. Nur transitive Verben können ein Passiv bilden, intransitive nur ein unpersönliches Passiv:

Wie kann *ihm* gedankt werden?
Worauf wird hier gewartet?

Bei Passiv-Sätzen steht die Handlung oder der Vorgang im Vordergrund, bei Aktiv-Sätzen die Person. Darum fehlt bei Passivsätzen häufig der Urheber der Handlung. Vergleichen Sie:

Unsere Pässe sind kontrolliert worden.
Der schweizer und der deutsche Grenzbeamte haben unsere Pässe kontrolliert.

Bildung:

Präs.	das Leben	wird	...	bewertet
Prät.	-	wurde	-	
Perf.	-	ist	-	worden (statt: *ge*worden)
Plusqu.	-	war	-	worden
Fut. I	-	wird	-	werden
Fut. II	-	wird	-	worden sein

Man bildet das Passiv der Modalverben, indem man das Modalverb und den Infinitiv des Passivs verwendet, der unverändert bleibt (= Partizip Perfekt + *werden*).

Präs.	Diese Einschätzung	darf	nicht übersehen	werden.
Prät.	-	durfte	-	
Perf.	-	hat	-	dürfen
Plusqu.	-	hatte	-	dürfen
Fut. I	-	wird	-	

Das Zustandspassiv wird mit dem Verb *sein* gebildet. Es zeigt das Resultat einer Handlung oder eines Vorgangs:

Das Kind wird geboren   Es ist geboren.
Die Tür wird geschlossen   Sie ist geschlossen.

Das unpersönliche Passiv kann die Bedeutung eines Imperativs haben:

Jetzt wird geschlafen!

Übung 3

Was passiert in dem Haus? (Vergleiche Textheft, S. 11, "Wohnhaft im Westend"). Berichten Sie im Präteritum:

1. die Lichtleitungen / herausreißen

2. eine Mauer / durch das Zimmer / ziehen

3. Bücher / mit einem nassen Lappen / abwischen

4. eine Dusche / im Zimmer / einbauen

5. das ganze Haus / renovieren

6. den Mietern / kündigen

3

Übung 4

Wie wird ein Essen zubereitet?

1. Gemüse, Kartoffeln, Reis oder Nudeln / einkaufen
2. Gemüse / waschen und putzen
3. Kartoffeln / waschen und schälen
4. Töpfe / mit Wasser / füllen
5. Kartoffeln und Gemüse / in die Töpfe / tun
6. Töpfe / aufsetzen
7. Fleisch / schneiden und braten
8. ein Nachtisch / zubereiten
9. Teller, Bestecke und Gläser / auf den Tisch / legen, stellen
10. das Essen / servieren

Übung 5

Wie wird eine Wohnung eingerichtet?

1. Parkett / bohnern, versiegeln
2. Teppichboden / verlegen
3. Gardinen, Vorhänge / aussuchen, aufhängen
4. Eßzimmer, Schlafzimmer, usw. / Möbel stellen
5. Küche, Bad / elektrische Geräte installieren

Was fehlt noch?

Übung 6

Was muß getan werden?

die Wirtschaft entwickeln
Die Wirtschaft muß entwickelt werden.

1. die Leistungen im öffentlichen Verkehr erweitern
2. die Versorgungsleistungen vermehren
3. die Berufschancen verbessern
4. die veränderte Einschätzung sehen
5. die Probleme richtig lösen

6. die Einkommensunterschiede verringern

7. die alternativen Lebensversuche fördern

8. eine leerstehende Scheune mieten

Übung 7

Antworten Sie mit dem Zustandspassiv:

Sollte das Paket nicht zur Post gebracht werden?
Es ist schon zur Post gebracht.

1. Hast du vergessen, die Uhr aufzuziehen?

2. Wolltest du nicht eine andere Zeitung bestellen?

3. Wollen Sie in der Wohnung eine Mauer ziehen lassen?

4. Sind die Gedichte denn übersetzbar?

5. Ist der Apparat reparierbar?

6. Ist die Wohnung in diesem Jahr kündbar?

7. Sind die Räume heizbar?

8. Hast du die Theaterkarten bestellt?

9. Soll die Scheune gemietet werden?

10. Kann eine angemessene Arbeit gefunden werden?

Übung 8

1. Von wem wurde die Glühbirne erfunden?

2. Wann wurde die Bundesrepublik gegründet?

3. Wann wurde die Chinesische Mauer gebaut?

4. Von wem wurde das Telefon erfunden?

5. Wann wurde der Zweite Weltkrieg beendet?

6. Wann wird der Tunnel zwischen Frankreich und Großbritannien gebaut werden?

7. Von wem wurde das Pulver erfunden?

8. Wann werden genug Nahrungsmittel auf der Erde produziert werden?

9. Wann wird die Gefahr eines Dritten Weltkriegs beseitigt worden sein?

10. Wie werden große Konflikte vermieden werden können?

3

Wortschatz

Zusammensetzungen

Z. 37 In den öffentlichen und privaten *Versorgungsbereichen* ...

Zusammengesetzte Wörter dieser Art finden sich vor allem in der Sprache der Verwaltung und der Wirtschaft. Der *Versorgungsbereich* ist das Gebiet oder der Sektor, auf dem mit etwas versorgt wird. Zum öffentlichen Versorgungsbereich gehören z. B. die Post, die Stadtreinigung, das Wohnungs-, das Sozialamt und andere Behörden.

Z. 41 *Die Versorgungsleistungen* ...

Die Versorgungsleistungen eines Krankenhauses z. B. umfassen die Unterbringung und Behandlung von Kranken.

Z. 43 *Die Berufs- und Einkommenschancen* ...

Die Berufs- und Einkommenschancen sind die Chancen, beruflich und finanziell Erfolg zu haben.

Übung 9

1. Was gehört zum privaten Versorgungsbereich?
2. Was gehört zum Arbeitsbereich eines Postamtes?
3. Was gehört zum Aufgabenbereich eines Bankangestellten?
4. Was gehört zum Produktionsbereich einer Elektrofirma?
5. Was gehört zum Absatzbereich eines Unternehmens?
6. Was versteht man unter dem Zustellungsbereich eines Briefträgers?

Übung 10

1. Was umfassen die Versicherungsleistungen bei einem Autounfall?
2. Worin besteht die Garantieleistung, wenn man ein Gerät kauft?
3. Worin besteht die Produktionsleistung einer Möbelfabrik?
4. Was ist die Arbeitsleistung eines Motors?
5. Was gehört zu den Dienstleistungen einer Bank?

Übung 11

1. Die Heilungschancen eines Patienten sind die Chancen, ...
2. Die Gewinnchancen eines Spielers sind seine Chancen, ...

3. Die Überlebenschancen eines Operierten sind die Chancen, ...
4. Die Rettungschancen eines Verunglückten sind die Chancen, ...
5. Die Verkaufschancen eines Unternehmens sind die Chancen, ...

Monika Zimmermann
Die verplante Stadt BT 2

Grammatik
Das verallgemeinernde Relativpronomen

Z. 3 *Wer* heute frei sein will, ... *der* zieht aufs Land.
Z. 16 *Wer* ... zahlt, *der* muß ... nutzen.
Z. 44 *Was* zählt, ist der Grund und Boden.

Die gleiche Bedeutung haben die Sätze:
Die eine Wohnung suchen, finden keine; *die* eine haben, sind damit unzufrieden ...
= Diejenigen, die ...
Das Relativpronomen ist hier ohne Bezugswort verwendet; das ist nur in der Schriftsprache möglich.

Wer nicht für uns ist, (*der*) ist gegen uns.
Wem nicht zu raten ist, *dem* ist nicht zu helfen.
Was ich nicht weiß, (*das*) macht mich nicht heiß.
Wovon man nichts versteht, *darüber* soll man nicht reden.

Der Satz mit *wer* oder *was* ist ein Gliedsatz, der Satz mit *der* oder *das* ist ein Hauptsatz. Wenn beide Pronomen in Haupt- und Nebensatz Subjekt sind, ist *der* oder *das* nicht erforderlich.
Der Genitiv ist veraltet und wenig gebräuchlich. Er findet sich vor allem in alten Sprichwörtern, z. B. : <u>Wes</u>(sen) Brot ich eß, <u>des</u>(sen) Lied ich sing.

Wer heute frei sein will, (*der*) zieht aufs Land.

= Leute, die frei sein wollen .....
  Diejenigen, die .....
  Jeder, der .....
  Jemand, der .....

Was zählt, (*das*) ist der Grund und Boden.

= Die Dinge, die zählen .....

Das Relativpronomen *wer,* (*der*) hat verallgemeinernde Bedeutung und findet sich daher oft in Sprichwörtern und Redensarten.
Die neutrale Form ist: *das,* (*was*). Sie werden dekliniert wie die entsprechenden Fragepronomen, bzw. wie der Artikel oder das Pronominaladverb.

3

Übung 12

Welche Satzteile gehören zusammen?

1. Wem man mißtraut,
2. Wer mich fragt,
3. Wer Hilfe braucht,
4. Wen ich nicht mag,
5. Wer einmal dort war,
6. Mit wem ich mich nicht verstehe,
7. Wer nicht wagt,
8. Wer Geld braucht,

a) dem kann ich etwas leihen.
b) dem helfe ich.
c) den lade ich nicht ein.
d) den zieht es immer wieder dahin.
e) (der) gewinnt nicht.
f) dem glaubt man nicht.
g) dessen Gesellschaft suche ich nicht.
h) dem rate ich.

Übung 13

Welche Satzteile gehören zusammen?

1. Womit man sich noch nie beschäftigt hat,
2. Was ich nicht weiß,
3. Was dich nicht brennt,
4. Was gut ist,
5. Was verboten ist,
7. Was man sich in der Jugend wünscht,
8. Womit man nicht einverstanden ist,

a) dafür interessiert man sich nicht.
b) das blase nicht.
c) (das) ist auch teuer.
d) das hat man im Alter im Überfluß.
e) dagegen soll man etwas tun.
f) davon versteht man nichts.
g) (das) macht mich nicht heiß.
h) (das) ist besonders interessant.

Übung 14

1. ..... in die Tropen reist, ... sollte sich vorher untersuchen lassen.
2. ..... ein Haus bauen will, ... raten wir zuerst zum Kauf eines Grundstücks.
3. ..... es hier nicht gefällt, ... braucht nicht hier zu bleiben.
4. ..... das nicht einsieht, ... ist nicht zu helfen.

5. ..... nicht hören will, ... muß fühlen.
6. ..... eine Wohnung sucht, ... kann ein Inserat nützlich sein.
7. ..... hohe Mieten zahlen kann, ... werden viele Angebote gemacht.
8. ..... viel mit dem Auto reist, ... leisten Karten gute Dienste.
9. ..... eine renovierte alte Wohnung genügt, ... braucht weniger zu zahlen.
10. ..... das Leben in den Vororten zu langweilig ist, ... gibt es nur teure Wohnungen im Zentrum.

Übung 15

Verwenden Sie das verallgemeinernde Relativpronomen:

1. Leute, die alles besser wissen, kann man nicht belehren.
2. Jeder, der auf dem Land wohnt, hat Vor- und Nachteile.
3. Jemandem, für den Versorgungsleistungen wichtig sind, kann man nicht zum Leben außerhalb der Stadt raten.
4. Für Leute, die keine Referenzen haben, kann die Wohnungssuche schwierig sein.
5. Leute, die freiberuflich arbeiten, haben oft ihr Büro im Stadtzentrum.
6. Derjenige, der nicht in der Innenstadt wohnt, verbringt den Feierabend draußen.
7. Jemand, dem die einheimische Küche nicht genügt, kann in ausländischen Restaurants essen.
8. Dinge, die man in der Jugend nicht gelernt hat, lernt man später nur schwer.
9. Dinge, die unangenehm sind, erledigt man gerne erst später.
10. Mit Dingen, für die man sich interessiert, beschäftigt man sich gerne.

Übung 16

Mit *wer - der* und *was - das* werden oft Sentenzen und Sprichwörter ausgedrückt.

Suchen Sie Sprichwörter oder Redensarten in Ihrer Muttersprache und sagen Sie sie auf Deutsch.

3

wo + Präposition und was als Relativpronomina

Z. 41 Die Stadt ist ... zum Spekulationsobjekt geworden, *wobei* den Gebäuden allenfalls eine repräsentative Aufgabe zufällt.

wobei ist hier ein Relativpronomen, das sich nicht nur auf ein einzelnes Wort, sondern auf den ganzen vorhergehenden Satz bezieht.

Sie redeten die ganze Zeit über Fußball, *was* mir sehr auf die Nerven ging.

Dieses Relativpronomen wird vor allem in der Schriftsprache verwendet. In der gesprochenen Sprache benutzt man lieber *das* und Hauptsätze.

Sie redeten die ganze Zeit über Fußball. *Das* ging mir auf die Nerven.

Übung 17

Welche Satzteile gehören zusammen?

1. Die Grundstückspreise sind sehr gestiegen,
2. Wir machten einen Ausflug in die Umgebung,
3. Viele Häuser standen lange Zeit leer,
4. Wohnräume wurden in Büros verwandelt,
5. Funktionsteilung galt einmal als Fortschritt der Städteplanung,
6. Wohnungen bekommt man oft nur über einen Makler,
7. Den Mietern wurde gekündigt,
8. Das Leben in den Dörfern ist anders als in den Städten,

a) was zu Hausbesetzungen geführt hat.
b) wodurch die Bevölkerungsstruktur sich geändert hat.
c) was zur starken Erhöhung der Baukosten geführt hat.
d) wobei wir in ein heftiges Gewitter gerieten.
e) worüber große Unzufriedenheit entstand.
f) wofür man viel Geld zahlen muß.
g) was viele als attraktiv empfinden.
h) worin man heute einen Irrtum sieht.

Übung 18

Wie würde man die folgenden Sätze in der gesprochenen Sprache sagen?

1. In den Zentren vieler Städte gibt es mehr Büros und Geschäfte als Wohnungen,

   a) was heute als Resultat einer falschen Entwicklung betrachtet wird.

   b) worin man das Ergebnis einer falschen Entwicklung sehen muß.

   c) worüber schon seit langem Kritik geäußert wurde.

2. Die Mieten in den Innenstädten sind horrend,

   a) wogegen immer wieder protestiert wird.

   b) wodurch sich die soziale Struktur sehr verändert hat.

   c) woran die Bodenspekulation Schuld trägt.

3. Die Großstädte sehen heute uniform aus,

   a) worin niemand etwas Positives sehen kann.

   b) was man als internationales Phänomen ansehen muß.

   c) worüber man überall Klagen hört.

Nominalisierung

Z. 34 Sie warten auf ihren *Abriß* oder auf ihre gründliche *Sanierung* ...

Man kann diese Substantive durch eine Passivkonstruktion ersetzen.

Übung 19

Sie warten darauf, daß sie abgerissen oder saniert werden.
Sie warten auf ihren Abriß oder auf ihre Sanierung.

1. Die Beamten warten darauf, daß sie befördert werden.
2. Ich warte darauf, daß ich rehabilitiert werde.
3. Der Patient hofft, daß er bald geheilt wird.
4. Der Kranke wartet darauf, daß er untersucht wird.
5. Der Handwerker wünscht, daß er pünktlich bezahlt wird.
6. Der Diplomat rechnet damit, daß er versetzt wird.
7. Wir hoffen, daß wir eingeladen werden.

3

Wortschatz

werden + Adjektiv

Z. 9 Vielleicht sind ... die Wohnungen *weniger geworden*.
Z. 13 ..., weil die Grundstücke so *kostbar wurden*.

Für *werden + Adjektiv* kann man in vielen Fällen auch Verben benutzen, zum Beispiel:

teurer werden	- sich verteuern
billiger werden	- sich verbilligen
größer werden	- sich vergrößern
kleiner werden	- sich verkleinern
wärmer werden	- sich erwärmen
wach werden	- erwachen
rot werden	- erröten
grau werden	- ergrauen
kalt werden	- erkalten
müde werden	- ermüden
alt werden	- altern

Übung 20

Die Wohnungen sind teurer geworden.
Die Wohnungen haben sich verteuert.

1. Wenn ich abends lese, werde ich schnell müde.
2. Wir sind inzwischen alt geworden.
3. Er wurde rot vor Verlegenheit.
4. Manche Elektrogeräte sind billiger geworden.
5. Ich bin mitten in der Nacht wach geworden.
6. In diesem Topf wird das Wasser schnell warm.
7. Er ist in den letzten Jahren sehr grau geworden.
8. Die Mieten sind in den letzten Jahren viel teurer geworden.
9. Die Zahl der Unternehmen ist kleiner geworden.
10. Die Firma ist größer geworden.

3

Faktitive Verben

Z. 56 Dort *gehen* die Fernsehapparate *an*, wenn in den Büros die Lichter *ausgehen*.

Eine Reihe von Verben - man nennt sie faktitiv - bewirken einen Vorgang, z. B.:

Ich *schaltete* den Fernseher *ein*.	Der Fernseher *ging an*.
anmachen einschalten	angehen
ausmachen ausschalten	ausgehen
anlassen	anspringen
schließen	zugehen sich schließen
einschalten anmachen	laufen
einschalten anmachen	brennen
aufziehen	gehen
andrehen	funktionieren laufen

Übung 21

Ich machte den Fernsehapparat an.
Der Fernsehapparat ging an.

1. Ich schaltete das Licht aus.

2. Ich ließ den Motor an.

3. Er schaltete die Maschine ein.

4. Sie machte die Lampe an.

5. Ich schloß die Tür.

6. Wir schalteten das Radio ein.

7. Ich zog die Uhr auf.

8. Sie schaltete den Plattenspieler ein.

9. Er drehte die Zentralheizung an.

Kapitel 4

Peter O. Chotjewitz
BT 1 **Jürgen macht neue Bekanntschaften**

Grammatik
Die Wiedergabe von Äußerungen anderer Personen: indirekte Rede

Z. 11 Einige *hätten* einfach auf dem Fußboden *gesessen*. An der Wand *hätten* zwei Kästen Bier *gestanden*. Als er *gefragt habe*, ob er sich ein Bier nehmen *könne*, *hätte* einer gesagt: ...

Mit der indirekten Rede gibt man Äußerungen, auch Überlegungen und Gedanken wieder, die man selbst oder andere zu einem früheren Zeitpunkt geäußert oder gedacht haben.
Die oben zitierte Textstelle bewirkt die Fiktion, Jürgen habe das hier Geschilderte selbst berichtet und der Autor referiere diese Schilderung. Längere Passagen in der indirekten Rede wirken meist monoton. Daher wechselt Chotjewitz die Erzählperspektive und beschreibt aus seiner Sicht. Dann folgen auch Sätze in direkter Rede. Dieser Wechsel in der Erzählhaltung macht den Text lebendig. Er wird aber dadurch schwerer verständlich, da sich der Leser gelegentlich fragt, wer eigentlich gerade spricht.

In der gesprochenen Sprache wird die indirekte Rede meistens vermieden. Ein Satz in der indirekten Rede, wie zum Beispiel:

Er sagt, er habe heute keine Zeit.

würde in der gesprochenen Sprache häufig so ausgedrückt werden:

Er sagt, er hat heute keine Zeit.
Er sagt, daß er heute keine Zeit hat.

Man muß die indirekte Rede aber kennen und beherrschen, wenn man schwierige Texte lesen, Radio- und Fernsehsendungen verstehen und selbst richtig schreiben will. Namentlich Nachrichtensendungen enthalten häufig Sätze in der indirekten Rede, wenn Äußerungen von Personen wiedergegeben werden.

Die Formen

Über die Formen der indirekten Rede besteht heute Unsicherheit. Auch Schriftsteller "verstoßen" gegen die Regeln, Chotjewitz zum Beispiel bei: "*hätte* einer gesagt", aber vermutlich nur, weil der Satz mit: "Als er gefragt *habe*", beginnt, also um die Wiederholung zu vermeiden.

Die sicherste Regel ist die folgende: Man benutzt in der indirekten Rede immer den Konjunktiv I, wenn dieser nicht mit dem Indikativ

gleich ist. Stimmen Konjunktiv I und Indikativ überein, nimmt man den Konjunktiv II.
(Der Konjunktiv II kann in der indirekten Rede aber auch verwendet werden, wenn man einen Zweifel an einer Aussage ausdrücken will: Er behauptet, er *hätte* keine Zeit.)

Der Konjunktiv I und II der Gegenwart
Starke Verben

kommen

I	ich	komm-e
	du	-est*
	er es sie	-e
	wir	-en
	ihr	-et*
	sie Sie	-en

wir kamen

II	käm-e
	-(e)st
	-e
	-en
	-(e)t
	-en

* = kaum mehr gebräuchlich

Die unterstrichenen Formen werden für die indirekte Rede gebraucht. Die starken Verben mit *a, o, u* im Präteritum haben im Konjunktiv II einen Umlaut.
Der Konjunktiv II wird zwar vom Präteritum abgeleitet, aber er hat die zeitliche Funktion eines Präsens.

Schwache Verben

lernen

I	ich	lern-e
	du	est
	er es sie	-e
	wir	-en
	ihr	-et
	sie Sie	-en

wir lernten

II	lernt-e
	-est
	-e
	-en
	-et
	-en

4

Der Konjunktiv II der schwachen Verben ist identisch mit dem Präteritum. Trotzdem zeigt der Zusammenhang meistens, daß es sich um einen Konjunktiv II und nicht um ein Präteritum handelt:

Sie sagten, sie *wohnten* schon seit drei Jahren in München.

Unregelmäßige Verben

Der Konjunktiv II der Verben *wissen, denken, bringen* hat Umlaut (also *ich wüßte* usw.)
Die Verben *nennen, kennen, brennen* haben im Konjunktiv II die Formen *ich nennte, kennte, brennte*. Sie sind ungebräuchlich und werden meistens umschrieben mit *ich würde nennen* usw. Die Umschreibung mit *würde* wird im Konjunktiv II in der indirekten Rede auch bei vielen starken Verben verwendet, da deren Formen veraltet wirken (*ich wüsche, verlöre, beschlösse* usw.).

Modalverben

Im Gegensatz zu anderen Verben weichen Sie im Konjunktiv I auch in der 1. Person Sing. vom Indikativ ab (*ich müsse, solle* usw.). Bei den Modalverben kann man also auch die 1. Person Sing. in der indirekten Rede benutzen.
Der Konjunktiv II hat Umlaut bei: *ich müßte, dürfte, könnte, möchte*; kein Umlaut bei: *ich sollte, wollte*.

Das Verb *sein*

sein

I	ich	sei
	du	sei(e)st
	er es sie	sei
	wir	seien
	ihr	sei(e)t
	sie Sie	seien

wir waren

II	wär-e
	-(e)st
	-e
	-en
	-(e)t
	-en

Da bei *sein* der Konjunktiv I nie identisch ist mit dem Indikativ, kann man ihn also in allen Personen in der indirekten Rede verwenden.

Der Konjunktiv I und II der Vergangenheit

Verben im Perfekt mit *haben*

I	ich	hab-e	gefragt
	du	-est*	
	er es sie	-e	
	wir	-en	
	ihr	-et*	
	sie Sie	-en	

II		hätt-e	gefragt
		-est	
		-e	
		-en	
		-et	
		-en	

* = kaum mehr gebräuchlich

Verben im Perfekt mit *sein*

I	ich	sei	gekommen
	du	sei(e)st	
	er es sie	sei	
	wir	seien	
	ihr	sei(e)t	
	sie Sie	seien	

II		wär-e	gekommen
		-(e)st	
		-e	
		-en	
		-(e)t	
		-en	

Die Verben, die das Perfekt mit *sein* bilden, können also immer den Konjunktiv I verwenden.
Für die drei Zeiten der Vergangenheit (Präteritum, Perfekt, Plusquamperfekt) gibt es in der indirekten Rede nur eine Zeit: den Konjunktiv I und II der Vergangenheit.

4

Das Futur

I	ich	werd-e	kommen		II	würd-e	kommen
	du	-est				-est	
	er es sie	-e				-e	
	wir	-en				-en	
	ihr	-et				-et	
	sie Sie	-en				-en	

Das Passiv

Das Passiv in der indirekten Rede wird mit den entsprechenden Formen des Konjunktiv I und II von *werden* gebildet.

Zum Gebrauch der indirekten Rede

a) Besonders häufig werden die 3. Person Singular und Plural verwendet, sodann die 1. Person Singular.

b) Wichtig ist der Wechsel bei Personal- und Possessivpronomen:

   Hans schreibt: "Morgen komme *ich* mit *meinem* ganzen Gepäck an."

   Hans schreibt, morgen komme *er* mit *seinem* ganzen Gepäck an.

c) Wenn wir Sätze haben, die (wie in unserem Text) auch in der direkten Rede im Konjunktiv II stehen:

   "... aber wenn alle das *täten*. Da *bräche* alles *zusammen*" oder

   "In so einer Unordnung *hätte* ich nicht leben *können*. Heute *könnte* ich es vielleicht",

   dann muß dieser Konjunktiv II auch in der indirekten Rede beibehalten werden.

d) In der indirekten Rede kann die Konjunktion *daß* verwendet werden:

   Hans schreibt, *daß* er morgen mit seinem ganzen Gepäck ankomme.

   Hans schreibt, er komme morgen mit seinem ganzen Gepäck an.

   Für eine längere indirekte Rede wird die Hauptsatzkonstruktion bevorzugt, da die häufige Wiederholung von *daß* monoton wirkt.

Übung 1

Benutzen Sie die indirekte Rede:

Eva schreibt: "Wenn ich die neue Stellung bekomme, muß ich umziehen, weil mein Anfahrtsweg zu weit ist. Ich kann zwar mit einem hohen Gehalt rechnen, aber dafür werde ich mit höheren Ausgaben für Verkehrsmittel rechnen müssen. Ich habe aber den Eindruck, daß in meiner neuen Firma ein sympathischer Umgangston herrscht."

Jürgen erzählt: "Ich habe einige Kunststudenten und Künstler kennengelernt. Ich will nicht sagen, daß sie unhöflich waren, aber sie taten so, als ob alles eine Selbstverständlichkeit wäre. Wenn ich mich manchmal an Unterhaltungen beteiligte, sagten sie: "Aber das ist doch ein alter Hut. Das hat mit der Sache doch nichts zu tun. Du redest vielleicht einen Stuß."

Übung 2

Hasso erzählt: "So richtige Freunde, die hab ich nicht. Gut, ich hab einige Bekannte, aber eben meist Leute, mit denen ich arbeite oder mal gearbeitet hab. Oder daß ich mal wen aus der Schule treffe, das auch. Aber viel ist damit nicht los. Daß man mal ein Bier miteinander trinkt oder auch Skat spielt. Solche Sachen, ja. Aber mehr ist da auch nicht. Ich brauch das auch gar nicht. Ich hab da also wirklich kein Interesse dran. Weil so richtige Freundschaft, irgendwie, daß man füreinander durchs Feuer gehen würde, das gibt's nicht, glaube ich. Und sonst? Sich treffen, miteinander reden und sowas? Ich weiß nicht, aber das bedeutet mir nichts. So Gespräche, da halt ich mich immer raus."

Indirekte Fragesätze

a) mit Fragepronomen

Er fragte: "Warum werden Briefe heute langsamer befördert als früher?"

Er fragte, warum Briefe heute langsamer befördert würden als früher.

Das Fragepronomen erhält im indirekten Fragesatz die Funktion einer Konjunktion. Das Verb steht am Ende.

b) ohne Fragepronomen

Er fragte: "Kann ich mir ein Bier nehmen?"

Er fragte, *ob* er sich ein Bier nehmen könne.

Steht in der direkten Rede eine Frage ohne Fragepronomen, muß man den indirekten Fragesatz mit der Konjunktion *ob* einleiten. Das Verb hat dann ebenfalls Endstellung.

4

Der Imperativ

Sie lächelten mitleidig und sagten: "Hier, lies mal was Gescheites!"
Sie ... sagten, er solle mal was Gescheites lesen.

Der Imperativ in der indirekten Rede wird durch die Modalverben *mögen* (höfliche Aufforderung), *sollen* und *müssen* (energische Aufforderung) ausgedrückt.

Übung 3

Der Zollbeamte sagte: "Bitte, zeigen Sie mir Ihren Paß! Haben Sie Waren anzumelden? Woher kommen Sie?"

Als er fragte: "Kann ich mir ein Bier nehmen?" wurde ihm geantwortet: "Frag nicht soviel und nimm!"

Sie fragten den Kellner: "Können wir die Weinkarte haben? Gibt es noch warmes Essen? Dann bringen Sie uns, bitte, auch die Speisekarte!"
Der Redner sagte: "Obwohl die Konjunktur sich verschlechtert, tut die Regierung nichts für die Wirtschaftsbelebung. Warum wird kein Beschäftigungsprogramm ausgearbeitet? Wie lange soll noch gewartet werden?"

Übung 4

Eine Familie hat weniger Geld als früher und muß sparsamer leben. Die Hausfrau erklärt:

"Nachmittags (1974) ging die Weltmeisterschaft los, und morgens haben wir uns ganz spontan einen Farbfernseher gekauft. Das könnten wir heute nicht mehr.

Ich habe auch schon mal zwischendurch einen Waschgang gemacht und mit halbvoller Maschine gewaschen, einfach um die Wäsche wegzuhaben. Heute warte ich ab, bis ich die Maschine richtig vollstopfen kann.

Früher haben wir Frisco genommen, jetzt kaufen wir billigere Brause. Die schmeckt zwar nicht ganz so gut. Aber wenn die Kinder Durst haben, erfüllt sie auch ihren Zweck.

Wir sind seit zwei Jahren nicht mehr ins Theater gegangen, obwohl das immer sehr schön war. Man will dann ja anschließend auch noch irgendwo hingehen und sich nett hinsetzen. Das kostet gleich wieder Geld.

Alle schimpfen. Aber keiner glaubt, daß man da was gegen machen kann. Jeder muß eben selbst sehen, wie er die hohen Preise für sich auffängt. Wir glauben auch nicht, daß die Preiserhöhungen in absehbarer Zeit nachlassen."

4

Übung 5

Ich wollte bei der Bank einen Kredit. Der Angestellte stellte mir verschiedene Fragen.
Er fragte mich nach meinem Namen. / Er fragte mich, wie ich hieße.

Arbeitsplatz	Höhe des Kredits
Beruf	Rückzahlung
Einkommen	Vermögen
Zweck des Kredits	Haus
Konto-Nummer	Sicherheiten
Lebensversicherung	

Jemand geht zur ärztlichen Untersuchung. Der Arzt fragt ihn.
Er fragt ihn nach dem Grund seines Kommens. Er fragte ihn, warum er komme.

Beschwerden	Rauchen
Seit wann	Kaffee
Fieber	Trinken
Kinderkrankheiten	Sport

Ausdrücken eines irrealen Vergleichs

Z. 5 Aber sie taten so, *als ob* alles eine Selbstverständlichkeit *wäre*.

Statt *als ob* kann auch *als wenn, wie wenn* benutzt werden. In diesem Fall steht das Verb am Ende. Man kann einen irrealen Vergleich auch mit einer Hauptsatzkonstruktion ausdrücken:

Aber sie taten so, *als wäre* alles eine Selbstverständlichkeit.

Statt des Konjunktivs II findet man auch den Konjunktiv I oder sogar den Indikativ:

Aber sie taten so, *als ob* alles eine Selbstverständlichkeit *sei*.
Aber sie taten so, *als ob* alles eine Selbstverständlichkeit *ist*.

Die sicherste Regel für den Gebrauch: Verwenden Sie bei irrealen Vergleichssätzen den Konjunktiv II.
In der gesprochenen Sprache wird beim Konjunktiv II der Gegenwart oft die Form mit *würde* benutzt, außer bei *haben, sein* und den *Modalverben*.

Übung 6

Er aß, als ob (als wenn, wie wenn) er keinen Appetit hätte.
Er aß, als hätte er keinen Appetit.

Verwenden Sie für die Sätze mit Hauptsatzkonstruktion die Nebensatzkonstruktion und umgekehrt.

1. Er sah aus, als ob er schlecht geschlafen hätte.
2. Er reagierte, als wäre er beleidigt worden.
3. Sie tat, wie wenn sie mich nicht verstände (verstünde).
4. Hans läuft, als ginge es um sein Leben.
5. Eva sah mich an, als wenn sie das zum ersten Mal hörte.
6. Sie machte ein Gesicht, als hätte ich sie gekränkt.

Übung 7

Ist er gekränkt? Er sieht so aus.
Er sieht so aus, als ob er gekränkt wäre.
Er sieht so aus, als wäre er gekränkt.

1. Ist Eva verärgert? Sie macht den Eindruck.
2. Habe ich etwas Dummes gesagt? Es kommt mir so vor.
3. Habe ich gestern zu viel getrunken? Ich fühle mich so.
4. Hast du das übelgenommen? Du siehst mich so an.
5. Hat er das nicht verstanden? Er tut so.
6. Willst du das nicht begreifen? Ich habe den Eindruck.
7. Ist das Haus unbewohnt? Es wirkt so.
8. Hat diese Bemerkung sie verletzt? Sie macht so eine Miene.

Übung 8

Bitte antworten Sie mit irrealen Vergleichssätzen.

1. Wie sieht Ihr Lehrer (Ihr Nachbar, Ihre Nachbarin) heute aus? (Schlechte Laune haben, schlecht schlafen, Ärger mit seiner Frau haben, usw.)
2. Wie sieht der Himmel aus? (Gewitter, regnen, Sonne scheinen usw.)
3. Wie war (ist) Ihr Nachbar (Ihre Nachbarin) neulich angezogen? (zum Tanzen, Party, Oper gehen usw.)
4. Wie fühlen Sie sich nach einer Flasche Wein? (Flügel haben usw.)

4

Ausdrücken von hypothetischen und irrealen Bedingungen

Z. 40 ... aber wenn das alle täten. Da bräche alles zusammen.
   = Aber *wenn* alle das *täten*, da *bräche* alles *zusammen*.

Die Konditionalsätze im Konjunktiv II drücken nicht immer eine Irrealität (= Nichtwirklichkeit), sondern manchmal auch eine Möglichkeit aus:

Wenn die Partei bei den nächsten Wahlen ins Parlament *käme*, *könnte* sie sich an der Regierungsbildung beteiligen.

Wenn es sich um eine Möglichkeit oder Hypothese handelt, wird häufig der Konjunktiv II des Verbs *können* verwendet.

Zum Gebrauch

Gegenwart

1. Wenn ich noch einen Platz *bekäme, flöge* ich morgen nach London.
   = schriftsprachlich-literarische Form

2. Man würde heute sagen und auch schreiben:

   Wenn ich noch einen Platz *bekäme, würde* ich morgen nach London fliegen.

Im Hauptsatz steht im allgemeinen die entsprechende Form des Konjunktivs II von *werden* und der Infinitiv des starken oder schwachen Verbs, außer bei den Verben *haben, sein* und den *Modalverben*:

Wenn ich noch einen Platz bekäme, *wäre* ich sehr zufrieden.
                              hätte ich Glück.
                              könnte ich morgen fliegen.

3. Wenn er gut *überlegte, würde* er seinen Irrtum *erkennen*.

   Konjunktiv II des *schwachen* Verbs im Gliedsatz = schriftsprachlich

4. Wenn er gut *überlegen würde, würde* er seinen Irrtum *erkennen*.

In der gesprochenen Sprache hat man häufig im Haupt- und Gliedsatz die Form des Konjunktivs II von *werden*, wenn im Gliedsatz ein schwaches Verb steht.
Aber auch wenn wir im Haupt- und Gliedsatz ein starkes Verb haben, ist in der *gesprochenen Sprache* der Konjunktiv II von *werden* in beiden Satzteilen möglich:

Wenn er heute *kommen würde, würden* wir ins Konzert *gehen*.
(Besser ist aber: Wenn er heute *käme*, ...)

Ein Konditionalsatz kann mit dem Haupt- oder dem Gliedsatz beginnen.

63

4

Vergangenheit

Wenn alle das *getan hätten*, *wäre* alles *zusammengebrochen*.

Der Konditionalsatz im Konjunktiv II ist logischerweise immer irreal. Daneben sind zeitliche Mischformen möglich:

Wenn ich vor zwei Jahren das Abitur *gemacht hätte*, *könnte* ich jetzt *studieren*.
(Gliedsatz = Vergangenheit; Hauptsatz = Gegenwart)

Wenn ich dumm *wäre, hätte* ich nicht *studiert*.
(Gliedsatz = Gegenwart; Hauptsatz = Vergangenheit)

Übung 9

Bilden Sie Konditionalsätze mit dem Konjunktiv II in Gegenwart und Vergangenheit.

1. Wenn ich kann, fahre ich im Sommer nach Griechenland.
2. Wenn Jürgen etwas sagt, weisen sie ihn zurecht.
3. Wenn er eine seiner Geschichten erzählt, lächeln sie mitleidig.
4. Wenn sie Urlaub hat, ist sie ein anderer Mensch.
5. Wenn du diesen Brief abschickst, gibt es Ärger.
6. Wir machen die Reise zusammen, wenn du mich mitnimmst.
7. Ihr müßt mit Ärger rechnen, wenn ihr den Abfall nicht wegschafft.
8. So vergammelt kann ich nicht rumlaufen, auch wenn ich kein Geld habe.
9. Du kannst das Geschirr abwaschen, wenn du willst.
10. Wenn das jeder tut, bricht alles zusammen.

Übung 10

Was würde passieren ...

wenn es eine neue billige Energiequelle geben würde?
(Wirtschaft, Arbeitslosigkeit, soziales Klima, usw.)

Was würden Sie tun ...

wenn Sie nur zwanzig Stunden in der Woche arbeiten müßten?
(lesen, basteln, Sport treiben, Musik hören usw.)

4

Was würden Sie tun ...

wenn Ihr Einkommen sich verdoppeln würde?
(essen, trinken, reisen, verschenken, usw.)

Potentielle und irreale Sachverhalte

Z. 48 In so einer Unordnung *hätte* ich nicht *leben können*.
       Heute *könnte* ich es vielleicht.

Im ersten Satz haben wir einen irrealen, im zweiten einen potentiellen Konjunktiv II. Auch in diesen Sätzen haben wir eine Bedingung oder eine Modalität, allerdings nicht in Form eines Gliedsatzes. Die Bedingung oder Modalität ist hier ausgedrückt durch eine Präposition und ein Substantiv:

In so einer Unordnung

Sie kann auch ausgedrückt werden durch ein Adverb oder Adjektiv:

So vergammelt könnte ich niemals rumlaufen.

Übung 11

Drücken Sie die unterstrichenen Ausdrücke durch Konditionalsätze mit dem Konjunktiv aus.

1. *Ohne genügend Geld* würde ich nicht gern verreisen.

2. *In dieser Lage* hättest du auch nicht anders gehandelt.

3. Ein *so formulierter* Satz wäre verständlicher.

4. *So angezogen* wäre sie nicht zu der Einladung gegangen.

5. *Bei so niedrigen Temperaturen* könnte man nicht ohne Mantel auf die Straße gehen.

6. *Mit diesem Lebensstil* hätte ich auf die Dauer nicht existieren können.

7. *So zubereitet* wäre das Essen viel besser gewesen.

8. *Bei solchen Verhältnissen* hätte ich mich anders entschieden.

4

Übung 12

Verwandeln Sie die Gliedsätze in Präpositionalgefüge oder Adjektive.

1. *Wenn Sie gute Laune hätten,* würden Sie nicht ein so unfreundliches Gesicht machen.
2. *Wenn man die Sache so sehen würde,* bekäme sie ein ganz anderes Gesicht.
3. *Wenn man die Angelegenheit genauer untersucht hätte,* wäre sie unproblematischer gewesen.
4. *Wenn Sie nicht so lange gezögert hätten,* wären Sie viel erfolgreicher gewesen.
5. *Wenn du es dir richtig überlegt hättest,* hättest du nicht solchen Unsinn geredet.
6. *Wenn ich mich schneller entschlossen hätte,* wäre ich vielen Schwierigkeiten aus dem Weg gegangen.
7. *Wenn wir in besserer Stimmung gewesen wären,* hätten wir uns nicht gestritten.
8. *Wenn ihr den Vertrag genau geprüft hättet,* hättet ihr ihn nicht unterschrieben.

Zum Gebrauch von *als*

Z. 7 *Als* er das erste Mal in eine ihrer Wohnungen mitgenommen *wird,* sitzen sie auf Sofas und Stühlen im Kreis.

als leitet im allgemeinen eine einmalige Handlung in der Vergangenheit ein und steht daher meistens mit einer Zeit der Vergangenheit.

Als ich (einmal) in Florenz war, habe ich die Uffizien besucht.
(Immer) wenn ich in Florenz war, habe ich die Uffizien besucht.

Handelt es sich um eine wiederholte Handlung in der Vergangenheit, benutzt man *wenn*.

In folgenden Fällen kann hinter *als* aber auch das Präsens stehen
a) wenn es sich um ein historisches Präsens handelt.

Als der Zweite Weltkrieg beendet ist, herrscht in ganz Deutschland das Chaos.

b) bei einer lebhaften mündlichen Erzählung.

Als ich heute aus der Garage fahre, fällt mir plötzlich ein Fußball gegen die Windschutzscheibe.

c) in einem Erzähltext (die häufigere Erzählzeit ist jedoch das Präteritum).

Übung 13

Verwenden Sie in den folgenden Sätzen die "normale" Verbzeit.

1. Als Adenauer Bundeskanzler wird, spielt die Bundesrepublik politisch keine wichtige Rolle.
2. Als ich zur Tür hereinkomme, stürzen mir die Kinder entgegen.
3. Als der Reichstag brennt, verlassen viele Regimegegner Deutschland.
4. Als wir am Bahnhof ankommen, fährt uns der Zug vor der Nase weg.
5. Als ich heute nach Hause komme, liegen zwei Telegramme im Briefkasten.
6. Als die Weltwirtschaftskrise ihren Höhepunkt erreicht hat, gibt es in Deutschland sechs Millionen Arbeitslose.

Hanns-Josef Ortheil
Die Liebe

BT 2

Grammatik
Rektion: Nomen + Präposition

Z. 25 ... *die Gier* nach dem Besitz ...

Ähnlich wie bei den Verben stehen auch bei zahlreichen Nomen bestimmte Präpositionen.
Es erscheint weitgehend zufällig, welche Präposition hinter dem Nomen steht. In einigen Fällen gibt es Tendenzen, hinter Nomen mit ähnlicher Bedeutung die gleiche Präposition zu setzen.
Hinter Nomen, die einen Wunsch oder ein Verlangen ausdrücken oder eine verwandte Bedeutung haben, steht die Präposition *nach*:

s Bedürfnis, e Forderung, e Gier, r Hunger (metaph.), r Ruf, e Sehnsucht, e Suche, e Sucht, s Verlangen, r Wunsch

Hinter Nomen, die eine Sympathie oder innere Haltung ausdrücken, findet sich häufig die Präposition *zu*:

e Beziehung, e Einstellung, r Hang, e Liebe, e Nähe, e Neigung, e Tendenz, s Verhältnis

4

Hinter Nomen, die eine Antipathie ausdrücken, steht oft die Präposition *gegen*:

e Abneigung, e Antipathie, e Aversion, r Haß, r Kampf, r Protest, r Widerwillen

Übung 14

Welche Satzteile gehören zusammen?

1. In kritischen Zeiten gibt es oft den Ruf
2. Wir hatten kein Glück bei unserer Suche
3. Die Streikenden erhoben die Forderung
4. Nach einigen Monaten harter Arbeit hatten wir das Bedürfnis
5. Je eintöniger das Leben ist, desto größer ist das Verlangen
6. Wer zum ersten Mal eine größere Reise macht, hat oft Sehnsucht
7. Zu seinem Geburtstag äußerte er den Wunsch

a) nach Abwechslung.
b) nach seiner Heimat.
c) nach einer neuen Armbanduhr.
d) nach einer Wohnung.
e) nach Ruhe.
f) nach einer verkürzten Arbeitszeit.
g) nach einem starken Mann.

Übung 15

Welche Satzteile gehören zusammen?

1. Man bemerkt häufig ein schwieriges Verhältnis der jungen Generation
2. Ich fühlte überhaupt keine Neigung
3. Sie hat eine sehr lebhafte Beziehung
4. In manchen europäischen Ländern gibt es eine starke Tendenz
5. Je älter er wird, desto stärker wird sein Hang
6. Ist Ihre Liebe zum Beruf stärker als Ihre Liebe

a) zu ihrem Bruder.
b) zum Alkoholismus.
c) zur älteren.
d) zum Pessimismus.
e) zu Ihrer Familie?
f) zu diesem Beruf.

Übung 16

Welche Satzteile gehören zusammen?

1. Bei der Demonstration gab es Protest
2. Leider habe ich eine starke Abneigung
3. Seit der Scheidung empfindet sie einen richtigen Haß
4. Hans hat einen heftigen Widerwillen
5. Die Medizin führt seit langem einen erfolgreichen Kampf
6. Zum Ärger seiner Frau hat er eine starke Antipathie

a) gegen Haustiere.
b) gegen ihren früheren Mann.
c) gegen das Konsumdenken.
d) gegen Seuchen.
e) gegen seinen Schwiegervater.
f) gegen die neuen Gesetze.

Übung 17

Ergänzen Sie die Präpositionen:

1. Wie ist deine Einstellung ..... dieser Frage?
2. Ich habe oft einen richtigen Hunger ..... Abwechslung.
3. ..... ihrer Familie hat sie ein distanziertes Verhältnis.
4. Die Jugend ist immer auf der Suche ..... neuen Inhalten.
5. Überall hört man den Ruf ..... mehr sozialer Gerechtigkeit.
6. Meine Aversion ..... Lärm ist noch größer als meine Abneigung ..... Schmutz.
7. Er hat eine starke Antipathie ..... Arbeit, aber eine große Neigung ..... Faulenzen.
8. Ich habe heute kein Bedürfnis ..... Gesellschaft.
9. Wie sind deine Beziehungen ..... Frauen?
10. Mein Verhältnis ..... Männern ist wechselhaft.
11. Manche Feministinnen haben einen richtigen Haß ..... alles Männliche entwickelt.
12. Manchmal hat man Sehnsucht ..... einem gescheiten Menschen.
13. Die Forderung ..... Arbeitszeitverkürzung finde ich vernünftig.
14. Wie ist Ihre Einstellung ..... Militärdienst?
15. Du hast einen Hang ..... Übertreibungen.

4

Der Infinitiv

Z. 4 ... eine der Möglichkeiten, sich mit dem Erwachsensein *abzufinden*.
Z. 6 ... man lernte, den anderen an der Hand *zu halten* ...
Z. 22 Wie er sich weigerte, schon erwachsen *zu werden*!
Z. 26 ... die Ohnmacht, sich noch besinnen *zu können*.

Der Infinitiv *ohne zu* steht bei:

a) Modalverben
b) *hören, sehen, lassen, helfen, fühlen, spüren*
c) *lernen, lehren, gehen, fahren, kommen*

Die Verben der Gruppen a) und b) bilden das Perfekt nicht mit dem Partizip Perfekt sondern mit zwei Infinitiven:

a) Er hat kommen *wollen*.
b) Ich habe ihn kommen *hören*.

Gruppe c) bildet das Perfekt normal mit dem Partizip Perfekt.

Sie ist einkaufen *gefahren*.

Wenn die Verben *lernen* und *helfen* außer dem Infinitiv noch ein anderes Satzglied haben, bilden sie im allgemeinen den Infinitiv mit *zu*, also:

Ich helfe dir tragen.
Aber: Ich helfe dir, die Koffer zum Bahnhof *zu* tragen.
Mein Sohn lernt rechnen.
Aber: Er lernt auch, Gleichungen mit zwei Unbekannten *zu* lösen.

Nach den anderen Verben und nach Nomen und Adjektiven steht immer der Infinitiv mit *zu*:

a) Adjektive
   Es ist *schön, angenehm, menschlich, verständlich, unbegreiflich, wichtig, interessant, nötig, nützlich* usw.

b) Nomen
   die Möglichkeit, den Vorteil, die Gelegenheit, die Absicht haben usw.

Übung 18

1. Es ist angenehm (*bei, warm, Wetter, spazieren, gehen*)

2. Es ist teuer (*in, diese, Gegend, Urlaub, machen*)

3. Es ist interessant (*durch, die, ganze, Welt, reisen*)

4. Es ist wichtig (*ein, befriedigend, Beruf, haben*)

4

5. Es ist schön (*Sie, wiedersehen*)
6. Ich gebe Ihnen den Rat (*zu, der, Arzt, gehen*)
7. Sie haben die Möglichkeit (*eine, andere, Wohnung, mieten*)
8. Sie hat die Absicht (*die, Wohnung, neu, einrichten*)
9. Wir haben den Plan (*das, Haus, vollständig, renovieren*)
10. Er hat den Entschluß gefaßt (*der, Angestellte, kündigen*)
11. Wir bitten Sie (*unser, Brief, bald, beantworten*)
12. Ich warne Sie (*auf, das, Formular, falsch, Angabe, machen*)
13. Sie hofft (*ihr, Beruf, wieder, ausüben, können*)
14. Sie wünschen (*von, das, Land, in, die, Stadt, ziehen*)
15. Überall wird versucht (*die, Infrastruktur, auf, das, Land, verbessern*)

Bei einer Reihe von Verben - aber nicht bei allen! - die ein Präpositionalobjekt haben, steht *da(r)* + *Präposition* vor dem Infinitivsatz. Das ist auch der Fall bei einigen Adjektiven und Verbverbindungen:

Ein Hammer dient *dazu*, Nägel einzuschlagen.
Die Gemeinden sind *daran* interessiert, die Versorgungsleistungen zu erweitern.
Wir legen Wert *darauf*, in einer ruhigen Gegend zu wohnen.

Bei den folgenden Verben ist *da(r)* + *Präposition* möglich, aber nicht obligatorisch:

bitten um, sich bemühen um, hoffen auf, warnen vor, sich erinnern an, raten zu, sich entschließen zu usw.:

Er bemüht sich (darum), eine neue Stellung zu finden.

Bei den folgenden Verben, Verbverbindungen und Adjektiven ist *da(r)* + *Präposition* obligatorisch:

sich gewöhnen an, sich beschäftigen mit, beitragen zu, sich konzentrieren auf, sich verlassen auf, sich kümmern um, sich unterhalten mit, sich freuen auf, sich verstehen auf, verzichten auf; Wert legen auf, Interesse haben an; interessiert sein an, gewöhnt sein an, einverstanden sein mit usw.

4

Übung 19

Nächste Woche fahren wir in Urlaub. Wir freuen uns darauf.
Wir freuen uns darauf, nächste Woche in Urlaub zu fahren.

1. Ich bezahle diese Rechnung nicht. Ich bin damit nicht einverstanden.
2. Wir ziehen dieses Jahr nicht um. Wir haben kein Interesse daran.
3. Er repariert den Fernseher. Er versteht sich darauf.
4. Ich nehme Ihre Hilfe nicht in Anspruch. Ich verzichte darauf.
5. Wir schwimmen nicht in so kaltem Wasser. Wir sind nicht daran gewöhnt.
6. Er frühstückt immer sehr ausgiebig. Er legt Wert darauf.
7. Ich kündige meine Stellung. Ich habe mich dazu entschlossen.
8. Soviel Geld geben wir für die neue Einrichtung nicht aus. Wir sind nicht daran interessiert.
9. Sie bleibt noch ein Jahr hier. Sie hat sich damit abgefunden.
10. Wir suchen eine Wohnung für euch. Wir bemühen uns daraum.

Übung 20

Stehen Sie jetzt früher auf? (sich gewöhnen)
Ich habe mich daran gewöhnt, früher aufzustehen.

1. Lernst du Russisch? (sich beschäftigen)
2. Schläft sie bei offenem Fenster? (gewöhnt sein)
3. Will er nach Hamburg versetzt werden? (sich bewerben)
4. Hat er keine Arbeit? (sich abfinden)
5. Habt ihr immer eine größere Summe auf eurem Konto? (Wert legen)
6. Macht eine gute Infrastruktur die Lebensverhältnisse auf dem Land angenehmer? (beitragen)
7. Bereitet er sein Diplom gründlich vor? (sich konzentrieren)
8. Finden sie an ihrem Urlaubsort noch ein Hotel? (sich verlassen)
9. Macht sie die Kinder für die Schule fertig? (sich kümmern)
10. Arbeitet er seit seiner Pensionierung viel im Garten? (sich unterhalten)

Einige Verben und Adjektive müssen vor dem Infinitiv noch ein *es* haben, zum Beispiel: Ich ziehe *es* vor, im Winter Urlaub zu machen. Ebenso die Verben: *ablehnen, aufgeben, aushalten, ertragen, fertigbringen, (dumm / klug* usw.*) finden, verdienen, versäumen, unterlassen.*

Bei einigen anderen Verben ist das *es* fakultativ, zum Beispiel: *lieben, vermeiden, verstehen, vorziehen, wagen.*

Übung 21

In seiner Jugend ging er in alle Premieren. (lieben)
Er liebte es in seiner Jugend, in alle Premieren zu gehen.

1. Ich lerne nicht weiter Chinesisch. (*aufgeben*)
2. Wir wollen lieber mehr Urlaub und weniger Geld. (*vorziehen*)
3. Ich liege nicht den ganzen Tag in der Sonne! (*ertragen*)
4. Sie gibt für ein Kleid nicht 300 Mark aus. (*nicht richtig finden*)
5. Er gibt nicht mehr Geld aus, als er verdient. (*vermeiden*)
6. Der Chef kündigt dem alten Mann nicht. (*nicht fertigbringen*)
7. Hans macht sich überall Freunde. (*verstehen*)
8. Ich springe nicht vom Fünf-Meter-Turm! (*nicht wagen*)
9. Wir machen nicht schon wieder Überstunden! (*ablehnen*)
10. Man kann nicht vier Stunden ohne Pause arbeiten. (*nicht aushalten*)

Partizip Präsens als Modalangabe

Z. 14 Allmählich zog die Liebe, schwächer *werdend*, die Welt hinein.
Z. 20 ... und mochte manchmal noch wie in einer Laune *träumend* aus den Fenstern blicken.
Z. 31 ... wenn sie ihn *lachend* aus seiner Vertiefung und Träumerei gezogen hatte ...

Man bildet das Partizip Präsens mit dem *Infinitiv + d (lachen+d).* Es hat den Charakter einer Modalangabe und zeigt immer eine zeitliche Parallelität mit dem Verb, zum Beispiel:

Sie kommt lachend ins Zimmer.
Sie kam lachend ins Zimmer.

Das Partizip Präsens hat bei unseren Textstellen adverbiale Bedeutung. Es behält aber seinen verbalen Charakter und kann daher Ergänzungen haben und - in der geschriebenen Sprache - vollständige Partizipialsätze bilden:

Ärgerlich die Zeitung beiseite legend, sagte er ...

4

Übung 22

Er saß im Sessel und rauchte.
Er saß rauchend im Sessel.

1. Sie blickte aus dem Fenster und träumte.
2. Die Leute sitzen in den Abteilen und reden.
3. Der Mann stand vor dem Schalter und schimpfte.
4. Die Kinder kamen ins Zimmer und schrieen.
5. Der Hund lag in der Ecke und knurrte.
6. Neben ihr lag ihr Mann und schnarchte.
7. Der Junge sagte eine Entschuldigung und stotterte.
8. Sie sitzen vor dem Fernsehapparat und dösen.

LV 3 Wortschatz

Das Präfix *herum-*

Das Präfix *herum-* gibt dem Verb oft die Bedeutung, daß etwas *ohne Grund, ohne Ziel* oder *nutzlos* geschieht, zum Beispiel: *herumstehen* = irgendwo nutzlos, ohne bestimmte Absicht, stehen.

Übung 23

Ergänzen Sie die passenden Verben: *stehen, irren, liegen, reden, schicken, ziehen, spielen, probieren, fahren*

1. Diese Männer sind arbeitslos. Sie ..... den ganzen Tag vor dem Fabriktor herum.
2. Aus Langeweile ..... die Jungen stundenlang an den Spielautomaten herum.
3. Das Büro ist ganz in Unordnung. Überall ..... Papiere herum.
4. Niemand wußte, wie die Maschine funktioniert. Deshalb mußte man erst lange herum.....
5. Anstatt klar Stellung zu nehmen, wurde endlos lange herum.....
6. Er fühlte sich nirgends zu Hause. Jahrelang war er in der Welt herum..... .....
7. Die Lehrlinge kritisieren, daß sie pausenlos herum..... werden, statt in der Werkstatt zu lernen.

aus und vorbei

Der Gebrauch von *aus* und *vorbei* in der Bedeutung von *zu Ende*. *Vorbei* bezieht sich auf den temporalen Aspekt, *aus* bezieht sich auch oft auf den quantitativen Aspekt.
Beispiele:
a) die Zeiten sind *zu Ende* (vergangen) = die Zeiten sind *vorbei*
b) das Geld ist *zu Ende* (verbraucht) = das Geld ist *aus*

Übung 24

1. Die Anmeldefrist ist schon *zu Ende*.
2. Das warme Wetter ist scheinbar *zu Ende*.
3. Das Salz ist leider *ausverkauft*.
4. Unsere Hoffnungen sind inzwischen *vergangen*.
5. Mit ihm ist es *zu Ende*.
6. Das Spiel ist seit 10 Minuten *zu Ende*.
7. Diese gute Gelegenheit *kommt nicht wieder*.
8. Wann ist der Kurs *zu Ende*?
9. Er wollte vor 12 Uhr anrufen, aber jetzt ist es schon 12 .....
10. Was machen wir, wenn das Erdöl *zu Ende* ist?

Kapitel 5

HV 1 Lückendiktat

Die Schule ist _____ _____, was sie immer war: _____ während der Pubertät. Sie nimmt den Eltern mehr als _____ _____ der Pubertätsprobleme ab und _____ das Elternhaus, einfach weil sie _____ fordert und stündlich wechselnde _____ bietet. Das wissen die Eltern vielleicht nicht immer: die Schule muß die _____ dieser Jahre einfach _____ und sich stellen. Wenn sie dabei die besseren _____ behält, fühlen sich die Schüler im allgemeinen _____ wohl, selbst wenn sie Schule auch als Zwang, _____, Ärger erleben. Sie ist dann _____ der brauchbare Weg zum _____ des sozialen Lebens.

BT 1 Das Abitur: Pauken – nicht denken

Grammatik
Partizipialattribute (erweitertes Attribut)

Z. 6 ... *von einer dilettantenhaft geführten Schulpolitik* ...
Z. 40 ... *den früher bis zum Abitur bestehenden Klassenverband* ...
Z. 43 ... *von anderen durch mich befragten Jugendlichen*

Partizipialattribute werden vor allem in wissenschaftlichen und administrativen, aber auch literarischen Texten verwendet. In der gesprochenen Sprache bevorzugt man Relativsätze.
Die Partizipien behalten dabei ihren verbalen Charakter und können die gleichen Angaben und Ergänzungen haben, die ein Verb mit sich führt. Partizipialattribute können mehrere nähere Bestimmungen haben, so daß sie gelegentlich schwer verständlich sind. Vor allem in der Verwaltungssprache lassen sich dafür Beispiele finden.

5

Attribute mit Partizip Präsens

                 1   2   3
Die / an Werktagen / unerlaubt / auf dem firmeneigenen Parkplatz / stehenden Fahrzeuge werden kostenpflichtig abgeschleppt.

Zwischen dem Artikel und dem Partizip Präsens stehen hier drei Angaben. Zum Partizip gehörende Bestimmungen stehen immer zwischen dem bestimmten oder unbestimmten Artikel oder einem Pronomen und dem Partizip. Die Reihenfolge der Angaben ist im allgemeinen: temporal, kausal, modal, lokal.
Man kann den Satz in einen Relativsatz auflösen:

                             1   2   3
Die Fahrzeuge, die / an Werktagen / unerlaubt / auf dem firmeneigenen Parkplatz stehen, werden kostenpflichtig abgeschleppt.

Das Partizip Präsens hat immer aktive Bedeutung. Es hat immer das gleiche Zeitverhältnis wie das Hauptverb. (Vgl. das oben genannte Beispiel.)
Das einst den größten Teil Europas *beherrschende* Römische Weltreich *zerfiel* im 5. Jahrhundert.
Das Römische Weltreich, das einst den größten Teil Europas *beherrschte, zerfiel* im 5. Jahrhundert.
Es gibt allerdings Fälle, wo das Partizip Präsens ein bis in die Gegenwart dauerndes Zeitverhältnis ausdrückt, auch wenn das Hauptverb in einer Vergangenheitsform steht, zum Beispiel:

Die / eine bessere Vorbereitung / auf die Universität / anstrebende reformierte Oberstufe wurde durch einen Beschluß der Kultusminister eingeführt.
Die reformierte Oberstufe, die ... *anstrebt, wurde* ... eingeführt.

Übung 1

Die in den Schaufenstern liegenden Waren müssen mit einem Preis ausgezeichnet sein.
Die Waren, *die in den Schaufenstern liegen*, müssen mit einem Preis ausgezeichnet sein.

1. Die *an Infektionskrankheiten leidenden* Patienten sind in einer besonderen Abteilung.

2. Die *die Oberstufe besuchenden* Schüler können einige Fächer abwählen.

3. Die *Allgemeinbildung vermittelnden* Schulen wurden zu Mini-Universitäten.

4. Viele *ein gutes Abitur erzielende* Schüler haben die Leistungskurse nach ihren Interessen gewählt.

5. Die *nur noch ein Drittel für die Gesamtqualifikation zählende* Abiturprüfung wurde auf drei Tage begrenzt.

6. Der Unterricht in den Naturwissenschaften hat *über die Grenzen einer guten Allgemeinbildung hinausgehende* Ausmaße angenommen.

7. Die *zu sehr unterschiedlichen Zeiten nach Hause kommenden* Kinder haben teils vormittags, teils nachmittags Unterricht.

8. Die *heute im Berufsleben stehenden* Frauen und Männer kannten noch einen festen Klassenverband.

9. Die *auf drei Tage begrenzte* Abiturprüfung hat an Wichtigkeit verloren.

10. Für viele *sich nur für bestimmte Fächer interessierende* Schüler ist die reformierte Oberstufe von Vorteil.

Übung 2

Eine Ausbildung, *die sich ständig verlängert*, kostet viel Geld.
Eine *sich ständig verlängernde* Ausbildung kostet viel Geld.

1. Die Oberstufe, *die auf die Universität vorbereitet*, umfaßt drei Klassen.

2. Durch die reformierte Oberstufe, *die einen erheblichen Motivationszuwachs schafft*, haben die Schüler die Möglichkeit, Fächer abzuwählen.

3. Ist das Gymnasium heute eine Institution, *die Fachidioten heranzüchtet*?

4. Der Unterricht in den Naturwissenschaften hat Ausmaße angenommen, *die zu Lasten der allgemeinbildenden Fächer gehen*.

5. Früher waren Volksschule, Mittelschule und Gymnasium die drei Schularten, *die sich durch die Besuchsdauer und die Vermittlung von Qualifikationen und gesellschaftlichen Chancen voneinander unterschieden*.

6. Es gab auch andere Reformforderungen, *die an heftigen politischen Widerständen scheiterten*.

7. Die einmal getroffene Wahl, *die für die gesamte Schullaufbahn verbindlich blieb*, gab kaum die Möglichkeit zum Wechsel von einer Schule zur anderen.

8. Unter den Möglichkeiten, *die heute zum Abschluß mit Hochschulreife führen*, ist der Zweite Bildungsweg sicherlich die schwierigste.

Attribute mit Partizip Perfekt

... *von einer dilettantenhaft geführten* Schulpolitik ...
  = von einer Schulpolitik, *die dilettantenhaft geführt wurde (worden ist, war)*
... *von anderen durch mich befragten Jugendlichen* ...
  = von anderen Jugendlichen, *die durch mich befragt wurden (worden sind, waren)*

1. Das Partizip Perfekt bei transitiven Verben hat passivische Bedeutung. In den beiden Sätzen im Text hat es Vergangenheitsfunktion.

2. *Ein häufig gebrauchtes Wort* ... = Ein Wort, das häufig gebraucht *wurde* ... oder: ..., ... *wird* ...

   Der Kontext zeigt, ob es ein Passiv der Vergangenheit oder der Gegenwart ist. Wenn das Passiv Präsensbedeutung hat, wird das oft durch Adverbien verdeutlicht, wie z. B.: *heute, oft, selten, immer wieder* usw.

3. *Verschlossene Türen* ... = *Türen, die verschlossen sind* ...
   Hier handelt es sich um ein Zustandspassiv. Das Verb *sein* wird im Partizipialattribut nicht ausgedrückt.

4. *Die auf dem Flugplatz eingetroffenen Gäste* ... = Die Gäste, die auf dem Flugplatz eingetroffen sind ...
   Wir stehen *vor einer völlig veränderten Situation* ... = Wir stehen vor einer Situation, *die sich völlig verändert hat* ...

   Das Partizip Perfekt von *reflexiven* Verben und Verben, die das Perfekt mit *sein* bilden, hat immer *aktivische* Bedeutung und drückt die *Vergangenheit* aus.

Übung 3

Wir leben in einer *verwandelten* Welt.
Wir leben in einer Welt, *die sich verwandelt hat.*

1. Ihr müßt mit einer *vollständig veränderten* Lage fertig werden.

2. Der Arzt sagte, Hans sei ein *völlig normal entwickeltes* Kind.

3. Die Zeitungen berichteten, daß der Konzern unter einer *außerordentlich verschlechterten* Ertragslage leide.

4. Die *in den letzten Jahren rasch gestiegene* Arbeitslosenzahl ist für viele Länder eine schwierige politische Frage.

5. Die *bei dem Unfall verunglückten* Mitarbeiter mußten in der Klinik behandelt werden.

5

6. Der *im hohen Alter verstorbene* Politiker hatte sich seit längerem aus der Öffentlichkeit zurückgezogen.

7. Ihr *kürzlich abgelaufener* Paß kann nicht mehr verlängert werden.

8. Gänsefedern waren früher *in vielen Ländern benutzte* Schreibinstrumente.

9. Nachschlagewerke gehören zu den *in Bibliotheken am meisten benutzten* Büchern.

10. Mit *nicht fachmännisch reparierten* Geräten hat man immer wieder Ärger.

11. Das *von den Parteien mit Mehrheit angenommene* Gesetz soll in zwei Monaten in Kraft treten.

12. In den *früher von Angehörigen aller sozialen Schichten bewohnten* Innenstädten findet man heute vor allem Büros und Geschäfte.

Übung 4

Der Briefschreiber behauptet, daß das Gymnasium durch eine Politik, *die dilettantenhaft konzipiert wurde*, mißbraucht worden ist.
... *durch eine dilettantenhaft konzipierte Politik* ...

1. Viele Jugendliche, *die ich befragt habe*, bedauern die Auflösung des Klassenverbandes.

2. Die Belastung des Familienlebens, *die sich durch die Einführung der Studienstufe verstärkt habe*, wird von dem Verfasser des Leserbriefs bedauert.

3. Die schriftliche Prüfung, *die auf drei Tage begrenzt ist*, zählt nur noch zu einem Drittel für die Gesamtqualifikation.

4. Auf diese Fragen, *die immer wieder gestellt werden*, muß eine Antwort gefunden werden.

5. Die Lebenshaltungskosten, *die in allen Industrieländern gestiegen sind*, wurden nicht immer durch Lohnerhöhungen ausgeglichen.

6. Nach den niedrigen Temperaturen, *die in den letzten Tagen weiter gefallen waren*, kam eine neue Schönwetterperiode.

7. Wir stehen vor Schwierigkeiten, *die wir bisher nicht kannten*.

8. Die Rechnungen, *die wir Ihnen vor 14 Tagen schickten*, enthalten zu unserem Bedauern ein Versehen.

9. Das Buch, *das von einem Autorenteam herausgegeben wurde*, zeichnet sich durch größte Exaktheit aus.

10. Die Terminologie, *die in diesem Buch verwendet wird*, wird es für viele schwer lesbar machen.

Übung 5

Formen Sie in dem folgenden Text die Partizipialattribute in Relativsätze um und umgekehrt.

Im Alter von sechs Jahren kommen die Kinder in die Grundschule, *die im allgemeinen sechs Jahre umfaßt*. Sie ist eine *von allen Kindern gemeinsam besuchte* Schule. Die meisten Kinder gehen im Anschluß an die Grundschule auf die Hauptschule, in der jedes Kind Unterricht in einer Fremdsprache erhält. Die *zwischen Hauptschule und Gymnasium stehende* Realschule beenden die Schüler mit 16 Jahren.
Der Realschulabschluß, *der zum Besuch einer Fachschule berechtigt*, verbessert die Startchancen im Beruf.
Das *neun Schuljahre umfassende* Gymnasium ist die traditionelle "Höhere Schule" in Deutschland. Ihr Abschlußzeugnis, das "Abitur", berechtigt zum Hochschulstudium. Die *stark angewachsene* Zahl der Abiturienten macht es allerdings unmöglich, jedem einen Studienplatz zu geben. Daher hat man für einige Fächer Zulassungsbeschränkungen, den "numerus clausus" eingeführt. Die klassischen Hauptformen des Gymnasiums waren der neusprachliche, der altsprachliche und der mathematisch-naturwissenschaftliche Zweig. Durch die *inzwischen eingeführte* Oberstufenreform hat diese "klassische" Aufteilung an Wichtigkeit verloren. Auch die *daneben bestehenden* Sonderformen wie Wirtschaftsgymnasium und Technisches Gymnasium führen zum Studium hin. Die *in einigen Bundesländern schon seit längerem existierenden* Gesamtschulen wollen das Schulsystem durchlässiger und flexibler machen.

lassen + *sich* + Infinitiv Aktiv

Z. 27 ... *läßt sich* erst *feststellen* ...
    = kann man erst feststellen; kann erst festgestellt werden

lassen + *sich* + Infinitiv Aktiv hat passivische Bedeutung.

Übung 6

Man kann diese Tür nicht öffnen.
Diese Tür läßt sich nicht öffnen.

1. Der Unfall konnte nicht vermieden werden. - 2. Man kann seine Schrift nicht lesen. - 3. Wir konnten das Fleisch nicht essen. - 4. Diese Behauptung kann man nicht belegen. - 5. Die Bücher konnten nicht verkauft werden. - 6. Sein Irrtum ist nicht beweisbar. - 7. Dieser Stoff ist waschbar. - 8. Das Heft ist nicht zu finden.

5

Übung 7

Diese Instrumente lassen sich noch nicht herstellen.
Diese Instrumente können noch nicht hergestellt werden.
Diese Instrumente sind noch nicht herstellbar.
Man kann diese Instrumente noch nicht herstellen.
Diese Instrumente sind noch nicht herzustellen.

1. Der Vorgang läßt sich leicht beschreiben.

2. Das Problem läßt sich nicht lösen.

3. Solche Meinungen lassen sich nicht vertreten.

4. Diese Behauptung läßt sich nicht beweisen.

5. Die Kellertür läßt sich nur durch ein Vorhängeschloß abschließen.

Die Verbindung von Nomen und Verben

Z. 4 ... Wissen ... vermitteln ...
Z. 19 ... die Möglichkeit ... erhalten ...
Z. 21 ... Fächer ... belegen ...
Z. 59 ... Ausmaße ... annehmen ...
Z. 63 ... die Folge(rung) ... ziehen ...

Man muß zwischen wechselnden, d. h. situationsabhängigen und festen Nomen-Verb-Verbindungen unterscheiden.
In festen Nomen-Verb-Verbindungen liegt die Hauptbedeutung auf dem Nomen, die semantische Funktion des Verbs ist gering. (*Sport* treiben, *Abschied* nehmen). Das Nomen hat nicht selten den Charakter eines Verbzusatzes und steht dann ohne Artikel.
Die Grenzen zwischen festen und losen Nomen-Verb-Verbindungen sind nicht immer leicht erkennbar. Bei der festen Nomen-Verb-Verbindung hat das Verb seinen selbständigen, oft konkreten Charakter verloren. Z. B. "die Folgerung ziehen" bildet eine feste Verbindung, aber in dem Satz: "Er zog die Notbremse", hat das Verb noch seine normale, konkrete Bedeutung.
Die festen Nomen-Verb-Verbindungen lernt man am besten als Ausdrücke. In den anderen Fällen empfiehlt es sich, die Verben zu notieren, die in der entsprechenden Situation mit dem Nomen verbunden werden. Man kann z. B. einen Platz *belegen* oder *besetzen*; eine Vorlesung kann man nur *belegen*.

5

Einige Nomen-Verb-Verbindungen

Informationen Wohnungen Studienplätze Kenntnisse	vermitteln	Dimensionen Größenordnungen Ausmaße	annehmen
Vorlesungen Seminare Plätze	belegen	Schlüsse Konsequenzen Vergleiche	ziehen

(In welchen Fällen handelt es sich um feste Verbindungen?)

Übung 8

Ergänzen Sie die Verben. Wo sind feste Nomen-Verb-Verbindungen?

1. ..... Sie Lust, einen Spaziergang zu ..... ?
2. ..... du die Absicht, regelmäßig Sport zu ..... ?
3. ..... Sie Platz!
4. Ich ..... die Hoffnung, heute Post zu ..... .
5. Er ..... die Idee, einen Antrag auf einen Platz in einem Studentenheim zu ..... .
6. Es ..... keine Rolle, ob Sie jetzt oder im Winter Urlaub ..... wollen.
   Wo wollen Sie Ihren Urlaub ..... ?
7. Wenn Sie einen Paß ....., müssen Sie dieses Formular ..... .
8. Wenn Sie ein Konto ..... wollen, müssen Sie hier eine Unterschrift ..... .
9. An diesem Schalter kann man nur Briefe ..... , Pakete und Päckchen werden dort ..... , und Telegramme muß man in einer anderen Halle ..... .
10. ..... du immer ein Bad oder eine Dusche?

Übung 9

1. Plätze für Numerus-Clausus-Fächer werden durch eine Zentralstelle ..... .
2. Zimmer in einem Wohnheim werden vom Studentenwerk ..... .

3. Soll die Schule nur allgemeine oder spezialisierte Kenntnisse ..... ?
4. An der Universität muß der Student eine Mindestzahl von Vorlesungen und Seminaren ..... .
5. In einer wissenschaftlichen Arbeit kann man nicht einfach Behauptungen ..... , man muß sie auch ..... .
6. Kannst du im Hörsaal einen Platz für mich ..... ?
7. Wenn man einen Vergleich mit früher ..... , sieht man, daß die Universitätsprobleme ganz neue Größenordnungen ..... haben.
8. Du tust gut daran, diesen Rat zu ..... .
9. Wenn man beim Studium große Schwierigkeiten ..... , soll man die Konsequenzen ..... und eventuell ein anderes Fach ..... .
10. Hast du aus den Experimenten, die du ..... hast, die richtigen Schlüsse ..... ?

Übung 10

Ergänzen Sie die hier aufgeführten Nomen-Verb-Verbindungen aus Ihren eigenen Kenntnissen. Stellen Sie Listen auf und überprüfen Sie, in welchen Fällen es sich um feste Nomen-Verb-Verbindungen handelt.

Wortbildung

Das Präfix *miß-*

Z. 6 ... *ist ... mißbraucht worden.*

Das Präfix *miß-* hat

a) eine negative Bedeutung
b) die Bedeutung *falsch* oder *schlecht*

a) achten   - mißachten
   billigen   - mißbilligen
   gefallen   - mißfallen
   glücken   - mißglücken
   gelingen   - mißlingen
   gönnen   - mißgönnen
   vertrauen   - mißtrauen

b) gebrauchen   -   mißbrauchen
   deuten   -   mißdeuten
   verstehen   -   mißverstehen (hier heißt der Infinitiv mit *zu* mißzuverstehen, das Partizip Perfekt mißverstanden, obwohl *miß-* ein untrennbares Präfix ist)

Das Präfix *miß-* findet sich auch vor Nomen und Adjektiven.

Übung 11

Welche Satzteile gehören zusammen?

1. Ich kaufe keine Bücher
2. Sie hat sich über diese Bemerkung geärgert,
3. Wir waren alle schlechter Laune,
4. Er hat das Wort falsch übersetzt,
5. Man kann nicht Sympathien für jemand haben,
6. Die Regierung konnte sich nicht halten,
7. Man kann nicht Politiker wählen,
8. Ich akzeptiere nichts,

a) weil sie sie mißdeutet hat.
b) den man mißachtet.
c) weil ihre Reformversuche mißglückten.
d) die ihre Macht mißbraucht haben.
e) was ich mißbillige.
f) die mir mißfallen.
g) weil unser Plan mißlungen war.
h) weil er es mißverstanden hatte.
i) dem man mißtraut.

Martin Walser
Herr Köberle kommt mit seiner Tochter zu Besuch   BT 2

Grammatik
Die neutrale Form des substantivierten Adjektivs

Z. 4 ... *ins Mündliche* ...
Z. 56 ... *etwas Schöneres* ...
Z. 58 ... *das Höchste* ...

Viele Adjektive und auch Partizipien des Präsens und Perfekt (z. B.: passen - *das Passende*; verlangen - *das Verlangte*) können als Nomen verwendet werden. Sie werden dann aber wie ein Adjektiv dekliniert. Sie können mit bestimmtem und unbestimmtem (selten!) und ohne Artikel benutzt werden.

5

Es ist schwer, *das Richtige* zu tun.
Auf *ein Neues?*
Wir hörten *Erstaunliches* über ihn.

Substantivierte Adjektive schreibt man groß.
(Merke: *das Junge* = das junge Tier)

Besonderheiten

Nationalitätenadjektive: Die neutrale Form eines Nationalitätenadjektivs bezeichnet die Sprache:

s Deutsche   s Französische   s Japanische   usw.

Diese Form wird aber nur mit dem *bestimmten* Artikel gebraucht und auch nur, wenn kein anderes Adjektiv dabei steht. In allen anderen Fällen benutzt man eine Form ohne *-e*:

Das Deutsche ist eine in Mitteleuropa viel gesprochene Sprache.
Sie übersetzt aus *dem* Englischen ins Deutsche.

Aber: Er spricht *das beste Deutsch*, das ich je bei einem Ausländer gehört habe.
Sein Deutsch ist noch verbesserungsbedürftig.
Zwischen *Spanisch* und *Italienisch* gibt es viele Unterschiede.

Für die Deklination des substantivierten Adjektivs gelten folgende Regeln:

Nach *nichts, etwas, was, viel, allerlei, wenig, mehr* wird das substantivierte Adjektiv wie ein neutrales Adjektiv ohne Artikel dekliniert:

Ich habe *nichts Interessantes* gehört.
Beschäftige dich doch mit *etwas Interessantem*!
Lies *mehr Interessantes*!

Nach *alles, einiges* und *manches* wird das substantivierte Adjektiv wie nach dem bestimmten Artikel dekliniert:

Wir wünschen dir *alles Gute*.
Ich erfuhr *einiges Neue* und *manches Erfreuliche*.

Übung 12

1. Was gibt es Neu..? Nichts Interessant..!

2. Gibt es etwas Vernünftig.. im Kino? Nein, nichts Gescheit..!

3. Du machst nie etwas Nützlich..! Beschäftige dich mit etwas Interessant..!

4. Das Fernsehprogramm bringt allerlei Neu.., aber wenig Sehenswert.. .

5. Ähnelt das Niederländ.. dem Deutsch..?
6. Du sprichst aber ein gut.. Deutsch..!
7. Ist das Deutsch.. leichter als das Russisch..?
8. Deutsch.. und Russisch.. sind nicht einfach.
9. Morgen fahren wir ins Grün.. .
10. Sie kauft nur das Best.. und Teuerst.. .

Übung 13

Sie kauft nur *die besten* und *teuersten Sachen*.
Sie kauft nur *das Beste* und *Teuerste*.

1. Er schreibt *allerlei erfreuliche Dinge*.
2. Sie hat noch *die schriftliche Prüfung* zu machen.
3. *Die deutsche Sprache* bietet einige Schwierigkeiten.
4. Er hat eine Vorliebe für *alles, was ausländisch ist*.
5. Sie interessiert sich für *alles, was japanisch ist*.
6. Kauf doch *weniger unnütze Dinge*!
7. Man sah auf der Messe *manches, was völlig neu ist*.
8. Kannst du diesen Satz in *die italienische Sprache* übersetzen?
9. Ich suche *etwas, was dazu paßt*.
10. Ich habe schon *angenehmere Dinge* von dir gehört!

Übung 14

Bilden Sie sinnvolle Sätze:

ich	erfahren	viel	neu
du	hören	wenig	interessant
ihr	lesen	manches	lustig
er	kaufen	mehr	klug
sie	erzählen	alles	langweilig
		nichts	überraschend
		etwas	wertvoll
		allerlei	angenehm

5

Adjektive mit Genitivergänzung

Z. 57 ... der sich *seines Wertes bewußt* sei.

Eine Gruppe von Adjektiven hat (wie auch einige Verben) eine Genitivergänzung, ebenso wie es Adjektive mit Akkusativergänzung (der Tisch ist ein*en* Meter breit) und mit Dativergänzung (sie war ih*rer* Mutter beim Kochen behilflich) gibt.
Die Adjektive mit Genitivergänzung werden aber in der gesprochenen Sprache meistens vermieden und durch andere Ausdrucksmöglichkeiten ersetzt.
Adjektiv mit dem Genitiv: *bedürftig, fähig, bewußt, gewärtig, gewiß, schuldig, sicher, überdrüssig, verdächtig, würdig*.

Übung 15

Drücken Sie die folgenden Sätze anders aus:

1. Man sagt, daß er größter Leistungen fähig ist. (*fähig zu*)

2. Er ist unserer Unterstützung bedürftig. (*brauchen*)

3. Man muß einer Katastrophe gewärtig sein. (*rechnen mit*)

4. Ich bin dieser ganzen Redereien überdrüssig. (*satt haben*)

5. Dieser Mann ist größter Verbrechen schuldig. (*schuldig, an*)

6. Der Buchhalter ist einiger Unterschlagungen verdächtig. (*verdächtigen*)

7. Ein solcher Mann ist dieser Auszeichnungen nicht würdig. (*verdienen*)

Z. 7 Diese *Mitteilungen machte* Sabine selbst.
Z. 22 ... daß sie ... *Deutschunterricht gebe* ...
Z. 47 ... auf die er am meisten *Hoffnung setze*.

Nomen-Verb-Verbindungen

Anstelle eines einfachen Verbs gebraucht man häufig ein Nomen und ein Verb.
Man kann auch sagen anstelle von:

mitteilen: Mitteilungen machen
unterrichten: Unterricht geben
hoffen: Hoffnung setzen

Vor allem in der Verwaltungs- und Wissenschaftssprache, aber auch in Zeitungstexten werden statt Verben oft Nomen-Verb-Verbindungen benutzt. Die häufige und nicht notwendige Verwendung von Nomen-Verb-

Verbindungen macht die Sprache abstrakt und kann schlechter Stil sein. Andererseits kann das Nomen durch hinzugefügte Attribute die Bedeutung erweitern und präzisieren, was bei einem Verb durch nähere Bestimmungen mittels Adverbien nicht immer möglich ist. Ein Satz wie z. B.:

Die Wissenschaftler *machten* sorgfältige und gut überlegt angeordnete *Experimente*.

wäre auch durch ein Verb wiederzugeben, aber nur auf recht umständliche Weise.
Dagegen einfach:

Ich *habe* die *Hoffnung*, bald wieder gesund zu werden.
Ich *hoffe*, bald wieder gesund zu werden.

Weitere Nomen-Verb-Verbindungen

die Absicht die Hoffnung die Vermutung	haben	eine Vereinbarung eine Entscheidung eine Verabredung Vorbereitungen	treffen
einen Besuch einen Versuch einen Vorschlag eine Reise eine Mitteilung	machen	den Nachweis den Beweis	erbringen
seine Hoffnung seine Erwartung	setzen	eine Antwort ein Versprechen einen Rat seine Zustimmung Unterricht	geben
einen Antrag eine Frage eine Forderung	stellen		

Übung 16

Wie heißen die entsprechenden Verben?

Er machte seinen Eltern jede Woche einen Besuch.
Er besuchte seine Eltern jede Woche.

1. Dieses Jahr machen wir eine Reise nach Sardinien.
2. Sie machte mir die Mitteilung, daß sie noch ins Mündliche kommt.
3. Hans hat die Absicht, Chemie zu machen.
4. Sie müssen den Nachweis erbringen, daß Sie schon vier Semester studiert haben.
5. Sabine hat die Absicht, eine Musikgruppe zu gründen.

6. Er hat die Entscheidung getroffen, Lehrer an einer Sonderschule zu werden.
7. Ich habe die Vermutung, daß Sie nichts dafür können.
8. Sie hat die Hoffnung, einen guten Abiturdurchschnitt zu bekommen.
9. Du solltest nicht den Versuch machen, ein Fach ohne Berufschancen zu studieren.
10. Er gab mir den Rat, mir nichts auf mein gutes Abitur einzubilden.

Übung 17

Bitte, antworten Sie mir klar und deutlich!
Bitte, geben Sie mir eine klare und deutliche Antwort!

1. Wir beabsichtigen fest, die Schulpolitik zu ändern.
2. Sie müssen lückenlos beweisen, wo Sie an diesem Tag gewesen sind.
3. Er hofft vage, zum Studium der Pharmazie zugelassen zu werden.
4. Bitte, fragen Sie genau und eingehend!
5. Du mußt mir feierlich versprechen, nicht Politologie zu studieren.
6. Wir stimmen Ihnen rückhaltslos zu.

Nomen-Verb-Verbindungen mit *kommen* + Präposition *in*

Z. 3 Vielleicht *kam* sie in Deutsch noch *ins Mündliche*.
Z. 30 Man hat ihr schon angeboten, jetzt ganz *in die Sonderschule* zu *kommen*.

a) Sie kommt in die mündliche Prüfung.
   Sie wird mündlich geprüft.

b) Sie kommt in die Sonderschule (oder: sie geht an die Sonderschule)
   Sie arbeitet, unterrichtet dort.

c) Mit sechs Jahren kommen die Kinder in die Schule.
   Sie beginnen ihre Schulzeit.

d) Er kommt in die chirurgische Klinik.
   Er wird dort behandelt.

e) Die Butter kommt in den Kühlschrank.
   Sie wird dort aufbewahrt.

f) Der Zug kommt in Bewegung.
   Er beginnt zu fahren.

g) Er kam wegen eines Meineides ins Gefängnis.
   Er wurde dazu verurteilt.

h) Bei dieser Arbeit kommt man ins Schwitzen.
   Man beginnt zu schwitzen.

i) Er kam ins Erzählen.
   Er begann zu erzählen.

j) Nach drei Glas Wein komme ich in Stimmung.
   Ich werde lustig.

k) Er kommt in Wut.
   Er wird wütend.

l) Radfahrer kommen leicht in Gefahr.
   Sie riskieren Unfälle.

m) Eine Studienverlängerung kommt nicht in Frage.
   Sie ist nicht möglich.

Redensart: Vom Regen in die Traufe kommen

= Von einer unangenehmen Situation in eine noch unangenehmere kommen.

kommen geht zusammen mit anderen Präpositionen zahlreiche weitere Nomen-Verb-Verbindungen ein, die häufig benutzt werden.

Übung 18

Welche Satzteile gehören zusammen?

1. Nur wer das Schriftliche bestanden hat,   a) kommt nicht in die Oberstufe.

2. Die Schuhe kommen   b) in den Kindergarten.

3. Wer keine guten Leistungen hat,   c) in die Klinik.

4. Als ich mit ihm sprach, kam er   d) in Stimmung.

5. Mit vier Jahren kommen die Kinder   e) in den Schuhschrank.

6. Wegen seines Unfalls kam er   f) kommt ins Mündliche.

7. Bei Autorennen kommen die Fahrer oft   g) in gefährliche Situationen.

8. Ohne Alkohol kommt er nicht   h) ins Erzählen.

Kapitel 6

Asta Scheib
BT 1 Ein Durchschnittsberuf

Grammatik

Nomen-Verb-Verbindungen mit *bringen* + Präposition *in*

Z. 13 Die Telefonzentrale ... *hatte* sie ... *in* größte *Nöte gebracht.*

bringen in + Akkusativ (vgl. kommen in + Akkusativ)

a) jdn. in Aufregung, Erregung, Stimmung, Unruhe, Verlegenheit, Wut, Zorn bringen (psychische Zustände)
= aufregen, erregen; unruhig, verlegen, wütend, zornig machen

b) jdn. ins Elend, in Gefahr, ins Gefängnis, in Not, ins Schwitzen, in eine unangenehme Situation, ins Unglück bringen
(= äußere Situationen)

c) etwas in Gang bringen
= reparieren, veranlassen, daß es wieder funktioniert

Der Mechaniker brachte die Maschine wieder in Gang.

d) etwas in Ordnung, in Unordnung bringen

Bring doch deinen Schreibtisch in Ordnung!

e) etwas in die Zeitung bringen

Einen solchen Skandal müßte man in die Zeitung bringen.

Übung 1

Solche Diskussionen machen ihn sehr aufgeregt.
Solche Diskussionen bringen ihn in große Aufregung.

1. Derartige Bemerkungen machen mich wütend.
2. Durch plötzliche Arbeitslosigkeit können Familien in finanzielle Not kommen.
3. Durch einen Meineid kann man ins Gefängnis kommen.
4. Diese Situation macht uns alle sehr verlegen.
5. Wir werden dafür sorgen, daß das in die Zeitung kommt.
6. Bei dieser Temperatur kommt man ins Schwitzen.

Übung 2

Welche Satzteile gehören zusammen?

1. Die Telefonzentrale brachte Agnes
2. Können Sie dieses Durcheinander
3. Durch ihre Krankheit und ihren späten Abgang von der Realschule brachte Agnes sich
4. Kannst du die Anlage
5. Fälle von Mietwucher werden gelegentlich
6. Plötzliche Arbeitslosigkeit kann Familien
7. Durch seine taktlosen Bemerkungen bringt er seine Kollegen oft
8. Was dieser Politiker sagt, bringt mich regelrecht

a) in eine ungünstige Ausgangsposition.
b) in die Zeitung gebracht.
c) in große Aufregung.
d) in finanzielle Not bringen.
e) nicht in Ordnung bringen?
f) in Wut.
g) wieder in Gang bringen?
h) in Verlegenheit.
i) ins Gefängnis.

Übung 3

Bilden Sie sinnvolle Sätze.

ich	bringen	Korrespondenz	in	Ordnung
der Mechaniker		Buchhalter		Zeitung
Alkohol		Motor		Aufregung
wir		alle		Gefängnis
die Nachricht		Angelegenheit		Gang
Betrug		Anna		Not
Lob				Stimmung

Übung 4

Kreuzen Sie an, welche Bedeutung hier *bringen* hat.

1. Das hat mich auf eine gute Idee *gebracht*.

   mich gefreut
   aufmerksam gemacht
   erkennen lassen

2. Die vielen Diskussionen *brachten* leider *nichts*.

   führten zu nichts
   fanden kein Ende
   waren erfolglos

3. Das Fernsehen *bringt* viele aktuelle Programme.

   bietet an
   sendet
   produziert

4. Auf einem Sparkonto *bringt* das Geld nicht viel.

   gewinnt
   ist nicht viel wert
   trägt Zinsen

5. Er hat es in seinem Leben ziemlich *weit gebracht*.

   ist alt geworden
   ist weit gereist
   hat viel erreicht

6. Die Zeitungen *brachten* kein Wort über den Skandal.

   schrieben
   publizierten
   erfuhren

7. Nichts wird mich *dazu bringen*, meine Meinung zu ändern.

   ist stark genug
   dazu beitragen
   dazu zwingen

Nomen-Verb-Verbindungen mit *(hinein- / rein-)gehen* + Präposition *in*

Z. 16 Das geht nicht *rein* (= hinein) *in* meinen *Kopf*.
  = das paßt nicht in meinen Kopf *hinein*; dafür ist in meinem Kopf nicht genug Platz.
Andere Beispiele:
In dieses Theater *gehen* 1000 Personen *hinein*.
Die Schuhe *gehen* nicht mehr in den Koffer *hinein*.

Übung 5

Antworten Sie mit dem Verb *hineingehen in*.

1. Kannst du meine Hefte in deine Tasche stecken?
2. Wie viele Leute haben in diesem Stadion Platz?
3. Kannst du die zehn Bierflaschen in den Kühlschrank stellen?
4. Hast du die neuen Wörter alle gelernt?
5. Passen die Koffer in den Gepäckraum?
6. Ist im Regal nicht noch Platz für diese Bücher?
7. Ist diese Brieftasche groß genug für alle Papiere?
8. Lege den Ordner doch in den Schreibtisch!

Nomen-Verb-Verbindungen mit *machen*

Z. 24 Es *machte* ihr *Freude* ...

machen geht mit einer größeren Gruppe von Nomen Verbindungen ein, bei denen - wie allgemein bei Nomen-Verb-Verbindungen - die Hauptbedeutung auf dem Nomen liegt.
Eine Gruppe von Nomen drückt psychische Zustände aus:

Angst, Ärger, Freude, Hoffnung, Kummer, Mut, Sorgen machen.

machen verbindet sich aber auch mit zahlreichen anderen Nomen, z. B.:

Appetit, Arbeit, Durst, Feuer, Hunger, Licht, Mühe, Musik machen

Übung 6

Ergänzen Sie die Nomen nach der oben gegebenen Liste.

1. Hohe Temperaturen machen ..... .
2. Schwer lösbare Probleme machen ..... .
3. Angenehme Nachrichten machen ..... .
4. Jeder Beruf macht ..... .
5. Es ist so dunkel, mach doch ..... .
6. Haben Sie Ihre Geige mit? Dann können wir etwas ..... machen.
7. Ihre Krankheit macht mir ..... .
8. Schwere körperliche Arbeit macht ..... .
9. Kannst du im Ofen ..... machen?
10. Unser Prozeß macht uns großen ..... .

Übung 7

Welche Frage paßt zu welcher Antwort?

1. Nein, ich muß Licht machen.
2. Die Arbeit hat ihm Hunger gemacht.
3. Die Übersetzung macht ihr enorme Mühe.
4. Ja, die Wärme macht Durst.
5. Das Kind macht mir Sorgen.
6. Die politische Entwicklung macht uns Hoffnung.
7. Dieser Erfolg macht mir Mut.
8. Meine augenblickliche Arbeit macht mir keine Freude.

a) Warum machst du ein so verzweifeltes Gesicht?
b) Möchtest du noch ein Bier?
c) Warum hast du dich mit Hans so lange unterhalten?
d) Warum ißt er so viel?
e) Ist es dir noch hell genug?
f) Warum siehst du so zuversichtlich aus?
g) Weshalb wirkt sie so deprimiert?
h) Warum macht ihr so optimistische Gesichter?

Übung 8

Bilden Sie sinnvolle Sätze.

Arbeit	machen	mir	Appetit
Krankheit		dir	Mühe
Spiel		ihm	Ärger
Nachricht		ihr	Kummer
Information		uns	Freude
Umzug			Hoffnung
Prüfung			Angst
Frische Luft			

Nomen-Verb-Verbindungen mit *geben*

Z. 33 *Gab ihr Gewicht.*

geben hat zahlreiche Verbindungen mit Nomen. Viele dieser Verbindungen können durch Vollverben wiedergegeben werden. Die Bedeutung bleibt im allgemeinen gleich.

die Antwort		antworten, beantworten
den Auftrag		beauftragen (mit)
den Befehl		befehlen
die Einwilligung		einwilligen (in + *Akk.*)
die Erlaubnis	geben =	erlauben
die Garantie		garantieren
die Nachricht		benachrichtigen
den Rat		raten (zu + *Inf.*)
Unterricht		unterrichten
das Versprechen		versprechen
die Zusicherung		zusichern

Übung 9

Geben Sie Unterricht in Mathematik?
Ja, ich unterrichte Mathematik.

1. Gibst du mir deine Einwilligung für den Verkauf?
2. Wie lange geben Sie für dieses Gerät Garantie?
3. Wann geben Sie mir Nachricht über das Resultat der Untersuchung?
4. Kannst du mir in dieser Sache einen Rat geben?
5. Geben Sie mir bald Antwort auf meinen Antrag?
6. Können Sie uns eine Zusicherung über den neuen Kredit geben?
7. Gibst du mir das Versprechen, daß du nichts weitersagst?
8. Hast du der Bank einen Auftrag für die Überweisung gegeben?

6

Übung 10

Wie heißen die Fragen zu den folgenden Sätzen?

Ich habe Karl nicht erlaubt, so spät nach Hause zu kommen.
Hast du Karl die Erlaubnis gegeben, so spät nach Hause zu kommen?

1. Ich habe noch nie Geographie unterrichtet.
2. Wir haben die Firma nicht mit der Lieferung beauftragt.
3. Ich habe ihr nichts versprochen.
4. Die Behörde hat immer noch nicht geantwortet.
5. Die Regierung garantiert die Einhaltung der Verträge.
6. Der Patient hat in die Operation eingewilligt.
7. Der Kommandant hat den Rückzug befohlen.
8. Das Ministerium hat die Subventionen nicht zugesichert.

Wortschatz

LV 1 *gehen*

Übung 11

Kreuzen Sie an, welche Bedeutung hier *gehen* hat.

1. Die Uhr *geht* immer noch, obwohl sie schon 200 Jahre alt ist.
   - funktioniert
   - existiert
   - hat immer noch Wert

2. Die Unterlagen *gehen* zuerst zum Konsulat und dann nach Bonn.
   - führen
   - werden geschickt
   - richten sich

3. Entschuldigen Sie, aber *so geht's* nicht!
   - können Sie nicht gehen
   - kann man es nicht machen
   - ist es nicht möglich

4. Das neue VW-Modell *geht* sehr gut.
   - fährt
   - verkauft sich
   - gefällt

98

5. In dieser Rede *ging es* um wichtige Fragen.

   beschäftigte man sich

   erreichte man

   handelte es sich

6. Das *geht* mir einfach zu weit!

   ist zu schwer

   ist nicht erreichbar

   mache ich nicht mit

7. Seit einiger Zeit läßt sie sich *gehen*.

   geht sie spazieren

   ist sie nachlässig

   wird sie viel eingeladen

8. Die Reise *geht* über München nach Wien.

   führt

   fährt

   erreicht

9. Erinnern Sie sich, wie diese Melodie *geht*?

   heißt

   klingt

   gesungen wird

10. 6 *geht* in 12 zweimal.

    teilt

    paßt

    ist enthalten

11. Wie viele Personen *gehen* in diesen Saal?

    besuchen

    sind

    passen

Sedat Çakir
Der Grieche Mano

BT 2

Grammatik
Satzglieder und Gliedsätze

Z. 12 *Für die Vermittlung dieser Arbeit* hat er in Griechenland seine paar Schafe hergegeben.
Z. 14 Sein deutscher Arbeitslohn betrug damals drei Mark die Stunde, *bei Schichtarbeit*.
Z. 19 *Nach zwei Jahren* holte er dann eben seine Familie zu sich nach Deutschland.

6

Aus Präpositionen und Nomen bestehende Satzglieder können in vielen Fällen durch Gliedsätze ausgedrückt werden. Auch das Umgekehrte gilt, aber nicht in allen Fällen.
Die obigen Sätze könnte man auch so formulieren:

Damit ihm diese Arbeit vermittelt wurde, hat er ... .
Sein deutscher Arbeitslohn betrug damals drei Mark die Stunde, *wenn er Schichtarbeit leistete*.
Nachdem zwei Jahre vergangen waren, holte er ... .

Die nominale Ausdrucksweise - also die Verwendung von Satzgliedern - tritt häufig in wissenschaftlichen Texten und in Sachtexten auf.
Ob ein Sachverhalt besser durch einen Gliedsatz oder durch ein Satzglied ausgedrückt wird, ist nicht immer leicht zu entscheiden.
Für Infinitivsätze und *daß*-Sätze können oft Satzglieder verwendet werden:

Mano hat es geschafft, *hier in Deutschland eine Lehre abzuschließen*.
Mano hat *den Abschluß einer Lehre hier in Deutschland* geschafft.

Gliedsätze und Satzglieder sind in vielen Fällen austauschbar, aber keineswegs in allen. Letztlich entscheidet die Sprechintention.
Die Beherrschung beider Möglichkeiten ist notwendig, um die Ausdrucksmöglichkeiten zu erweitern.

Gliedsatz	Satzglied
Verb?	Nomen?
Adverb?	Adjektiv?
Konjunktion?	Präposition?

Übung 12

Die Bücher und Kassetten werden bestellt. = die Bestellung der Bücher und Kassetten

1. Die Lehre wird abgeschlossen.

2. Der Bauernhof wird aufgebaut.

3. Die Arbeit wird vermittelt.

4. Ein Betriebsrat wird gegründet.

5. Unnütze Fronten werden errichtet.

6. Der Versuch scheitert.

7. Verbindungen werden hergestellt.

8. Die Ausländer werden benachteiligt.

Übung 13

Infinitivsätze und *daß*-Sätze

Hans hat es erreicht, sein Studium in kürzester Zeit abzuschließen.
Hans hat den Abschluß seines Studiums in kürzester Zeit erreicht.

1. Die Firma hat es erreicht, *ein vorteilhaftes Abkommen abzuschließen.*
2. Es ist mir nicht gelungen, *den Vertrag zu annulieren.*
3. Ich bitte Sie, *mir Ihr Verhalten zu erklären.*
4. Er bemüht sich darum, *eine Arbeit zu vermitteln.*
5. Wir verstehen nicht, *daß Sie in dieser Situation so reagiert haben.*
6. Ich habe gehört, *daß die Regierung beabsichtigt,* die Verhandlungen abzubrechen.

Übung 14

Temporalsätze

1. *Nachdem zwei Jahre vergangen waren,* holte er seine Familie nach Deutschland.
2. *Nachdem ich zwei Tabletten genommen hatte,* hatte ich keine Beschwerden mehr.
3. *Wenn er leichtere Krankheiten hatte,* nahm er unbezahlten Urlaub.
4. *Als sie achtzehn war,* ging sie von der Realschule ab.
5. *Bis sie heiraten,* arbeiten die meisten Mädchen im Büro.
6. *Wenn sie Gespräche verband,* wurde sie oft nervös.
7. *Solange die Ausbildung dauert,* verdienen die jungen Leute nicht viel Geld.
8. *Während wir uns im Ausland aufhielten,* betrachteten wir alles sehr aufmerksam.

6

Übung 15

Kausal- und Finalsätze

1. *Da die Schulpolitik dilettantisch betrieben wurde*, kam die Allgemeinbildung zu kurz.
2. *Weil der Unterricht in den Naturwissenschaften stark zugenommen hat*, wird die Allgemeinbildung vernachlässigt.
3. *Aufgrund der Tatsache, daß Leistungskurse eingerichtet wurden*, können die Schüler die Fächer nach ihren Interessen wählen.
4. *Dadurch, daß der Klassenverband zerstört wurde*, haben die Schüler weniger Kontakte miteinander.
5. *Um ein gutes Abitur zu erreichen*, wählen die Schüler ungeliebte Fächer ab.
6. *Um die Schüler besser auf die Universität vorzubereiten*, wurde die reformierte Oberstufe eingerichtet.
7. Die Kultusminister trafen diese Maßnahme, *damit die Oberstufe reformiert wurde*.
8. Die Schulpolitik hat alles getan, *damit frühzeitig Spezialisten herangezüchtet werden*.

Übung 16

Konditional- und Konzessivsätze

1. *Wenn Sie das Abitur mit einem Durchschnitt von 1,5 machen*, haben Sie ein Anrecht auf einen Studienplatz in Pharmazie.
2. *Obwohl sie sich größte Mühe gab*, schaffte sie kein gutes Abitur.
3. *Obgleich sie beste Leistungen hatte*, bildete sie sich nichts darauf ein.
4. *Vorausgesetzt, daß Sie eine gute schriftliche Prüfung machen*, brauchen Sie nicht ins Mündliche.
5. *Wenn man diesen Lebensstil verallgemeinern würde*, bräche alles zusammen.
6. *Sofern die Voraussetzungen dafür erfüllt sind*, kann der Bewerber zum Studium zugelassen werden.
7. *Obwohl er zwischen Bewunderung und Ablehnung schwankte*, war er sehr beeindruckt.
8. *Wenn du deine Mitschüler dauernd kritisierst*, wirst du dir nicht viele Freunde machen.

Übung 17

1. *Damit Sie sich besser auf die Prüfung vorbereiten*, sollten Sie folgendes beachten.
2. *Obwohl ich großes Verständnis für Ihre Schwierigkeiten habe*, kann ich Ihnen einige Vorwürfe nicht ersparen.
3. *Damit wir Ihnen einen Paß ausstellen können*, brauchen wir noch zwei Photos.
4. *Wenn Sie diese Schwierigkeit überwunden haben*, sind Sie ein gutes Stück vorangekommen.
5. *Bevor Sie das Gerät anschließen*, lesen Sie, bitte, aufmerksam die Gebrauchsanweisung!
6. *Bis das Gegenteil bewiesen ist*, halte ich diese These für absurd.
7. *Wenn du dich sehr anstrengst*, kannst du eine gute Note erreichen.
8. *Seitdem sie umgezogen sind*, sieht man sie nur noch selten.
9. *Nachdem er zum Postassistenten befördert worden war*, kam er in eine höhere Gehaltsstufe.
10. *Weil morgen eine neue Ausstellung eröffnet wird*, bleibt das Museum heute geschlossen.

Übung 18

1. *Vor der Aufnahme normaler Beziehungen* müssen beide Länder noch einige strittige Fragen klären.
2. *Bis zur völligen Genesung des Patienten* wird noch einige Zeit vergehen.
3. *Zu Ihrer besseren Information* legen wir Ihnen einige Prospekte bei.
4. *Bei Wetterbesserung* wird das Freibad wieder geöffnet.
5. *Im Falle einer weiteren Verschlechterung der Konjunktur* muß mit mehr Arbeitslosen gerechnet werden.
6. *Seit unserem letzten Streit* gehen wir einander aus dem Wege.
7. *Wegen der Verzögerung Ihrer Antwort* konnten wir bisher zu keiner Entscheidung kommen.
8. *Trotz einer sofortigen Operation* konnte der Verunglückte nicht gerettet werden.
9. *Während der Filmvorführung* kam es zu Protestaktionen.
10. *Nach der Lektüre des neuen Romans* wird man über den Autor ganz anders urteilen.

6

Infinitivsätze mit *zu* in der Vergangenheit

(vgl. Kap. 4)

Z. 16 Sein Traum, ... Geld *gespart zu haben*, ...
Z. 47 ... er hat es nicht bereut, nach Deutschland *gekommen zu sein*.

Nach einer Reihe von Verben, Nomen und Adjektiven können Infinitivsätze mit einem Infinitiv der Vergangenheit stehen:

anklagen, bedauern, behaupten, beschuldigen, sich entsinnen, sich erinnern, sich freuen (über), gestehen, glauben, leugnen, sich rühmen, sich schämen, zugestehen;
es ist angenehm, ärgerlich, fürchterlich, schön, schrecklich;
ich bin gewiß, sicher, überzeugt;
der Ansicht sein, der Meinung sein;
den Glauben, die Vorstellung, die Überzeugung haben

Bei vielen dieser Verben, Nomen und Adjektive sieht man an der Bedeutung, daß die im Infinitiv ausgedrückte Handlung in der Vergangenheit liegt. Bei vielen Verben ist das aber aus logischen Grünen nicht möglich. Ich kann z. B. sagen:

Ich versuche, ihn von meiner Meinung zu überzeugen.

Nicht möglich ist:

Ich versuche, ihn von meiner Meinung überzeugt zu haben.

Hingegen gibt es bei *ich bin sicher* beide Möglichkeiten:

Ich bin sicher, ihn von meiner Meinung überzeugen zu können.
Ich bin sicher, ihn von meiner Meinung überzeugt zu haben.

Infinitivsätze mit dem Infinitiv der Vergangenheit können stehen:

1. bei unpersönlichen Ausdrücken:

    Es ist klug, etwas Geld zurückgelegt zu haben.

2. bei Subjektgleichheit:

    Er behauptet, unbezahlten Urlaub genommen zu haben.
    (daß *er* ... genommen hat)

3. Vorwegnahme des Subjekts im Infinitivsatz in Form eines Dativs:

    Er warf *ihr* vor, nicht die Wahrheit gesagt zu haben.
    (daß *sie* nicht die Wahrheit gesagt habe)

Wie bildet man die Infinitivformen?

		3. Pers. Sing.	Infinitiv
Präsens	Aktiv	er arbeitet	arbeiten
	Passiv	er wird gefragt	gefragt werden
Perfekt	Aktiv	er hat gearbeitet	gearbeitet haben
		er ist gekommen	gekommen sein
	Passiv	er ist gefragt worden	gefragt worden sein

Der Infinitiv der Vergangenheit gilt für *alle* Zeiten der Vergangenheit, also: Präteritum, Perfekt und Plusquamperfekt.

Übung 19

Was *behauptet, bedauert* Dimitri? Woran *erinnert* er *sich*, worüber *freut* er *sich*?

Dimitri ist nach Deutschland gekommen.
Er bedauert nicht, nach Deutschland gekommen zu sein.

1. Er hat sich gut angepaßt.
2. Er hat unbezahlten Urlaub genommen.
3. Er wurde nicht benachteiligt.
4. Er verdiente drei Mark die Stunde bei Schichtarbeit.
5. Er hatte sich seit vielen Jahren nicht krankgemeldet.
6. Er hat mit seinen Kollegen versucht, einen Betriebsrat zu gründen.
7. Er wurde in einer Textilfabrik angestellt.
8. Er erhielt die Arbeit durch einen Landsmann.
9. Er hatte die Arbeit in der Textilfabrik im Frühjahr bekommen.

Übung 20

Was *berichtet* Agnes? Woran *erinnert* sie *sich*?

1. Sie hatte Peter kennengelernt, als sie Telefonistin bei Siemens war.
2. Sie hatte gelesen, daß die meisten Ehepaare sich im Beruf kennenlernen.
3. Sie war froh über die Stelle bei Siemens.
4. Sie hatte doch noch einen Beruf gefunden.

6

5. Sie war von der Realschule mit 18 abgegangen.
6. Durch die Telefonzentrale war sie in größte Nöte gebracht worden.
7. Sie war früher oft eingeladen worden.
8. Sie hatte viele Verehrer gehabt.
9. Oft war sie mit der Anlage allein gelassen worden.

Übung 21

Glaubte Dimitri, daß er sich gut angepaßt hatte?
Ja, er war der Ansicht, sich gut angepaßt zu haben.

1. Meinte er, daß er nie benachteiligt wurde?
2. War er davon überzeugt, daß er in Deutschland freundlich aufgenommen worden war?
3. Glaubte er, daß er in seinem ersten Arbeitsjahr gut bezahlt wurde?
4. War er davon überzeugt, daß er das Richtige getan hatte, als er seine Familie nach Deutschland geholt hatte?
5. Glaubte er, daß er die Betriebsleitung immer zufriedengestellt hatte?
6. Meinte er, daß er nach seinem Krankenhausaufenthalt keine Beschwerden mehr gehabt hatte?

Übung 22

Ergänzen Sie die richtige Form des Infinitivs:

1. Die Erkenntnis, bis jetzt ein durchschnittliches Leben ..... (*führen*), hatte nichts Erschreckendes für Agnes.
2. Die Überzeugung, sich in ihre Aufgaben in der Telefonzentrale gut ..... (*einarbeiten*), hatte etwas Beruhigendes für sie.
3. Die Vorstellung, mit all den Knöpfen, Tasten, Anschlüssen allein ..... (*lassen*), hatte am Anfang etwas Erschreckendes für sie gehabt.
4. Der Gedanke daran, für den Abend in einen Biergarten ..... (*einladen*), war ihr nicht angenehm.
5. Die Erinnerung daran, als Kind oft monatelang im Krankenhaus ..... (*liegen*), bedrückte sie oft.

Kapitel 7
Das Gefühl da draußen – da geht nix drüber

BT 1

Wortbildung

Zusammengesetzte Zeitbegriffe

Z. 2 ... *eine Fünfundzwanzigjährige* ...

a) eine Fünfundzwanzigjährige = eine Frau, die fünfundzwanzig Jahre alt ist
b) eine fünfundzwanzigjährige Berufstätigkeit = eine Berufstätigkeit, die fünfundzwanzig Jahre (ge)dauert (hat)

Zusammensetzungen mit anderen Zeiteinheiten:

eine fünfminütige Pause	= eine Pause, die fünf Minuten dauert
ein einstündiger Aufenthalt	= ein Aufenthalt, der eine Stunde dauert
eine dreitägige Reise	= eine Reise, die drei Tage dauert
eine vierzehntägige Pflanze	= eine Pflanze, die vierzehn Tage alt ist
eine vierwöchige Ausstellung	= eine Ausstellung, die vier Wochen dauert
ein sechsmonatiges Stipendium	= ein Stipendium für eine Dauer von sechs Monaten

Übung 1

Ein Aufenthalt von einer Stunde, sagst du?
Ja, ein einstündiger Aufenthalt.

1. Ein Stipendium für zehn Monate?
2. Ein Baum, der hundert Jahre alt ist?
3. Ein Junge von zehn Jahren?
4. Eine Untersuchung von einer halben Stunde?
5. Ein Krieg, der sieben Jahre dauerte?
6. Ein Urlaub von vier Wochen?
7. Eine Frau von dreißig Jahren?
8. Eine Fahrt von 36 Stunden?

7

Von Nomen abgeleitete Adverbien und Adjektive mit dem Suffix -weise

Z. 45 *Rudelweise* übersprenkeln Touristen ... = in Rudeln

Diese Ableitungen sind sehr häufig und finden sich besonders in Sachtexten und wissenschaftlichen Texten. Ursprünglich handelt es sich um Adverbien, die heute aber oft auch als Adjektive gebraucht werden:
Der Verkauf vieler Waren erfolgt *kiloweise*.
Der *kiloweise* Verkauf vieler Waren.

a) Mengen- und Maßangaben: *dutzendweise, haufenweise, kiloweise, literweise, löffelweise, meterweise, pfundweise, schrittweise, stückweise, stundenweise, taqeweise* usw.
b) *aushilfsweise, ausnahmsweise, beispielsweise, probeweise, vergleichsweise* usw.

Übung 2

Setzen Sie die passenden Adverbien ein:

paarweise, gruppenweise, scharenweise, stückweise, schrittweise, tageweise, aushilfsweise, literweise, stundenweise

Die jungen Leute lagern ..... auf den Wiesen am Eiffelturm. Abends trinken sie ..... Rotwein. Ambulante Verkäufer bieten Äpfel und Birnen ..... an. Manchmal finden die Jugendlichen ..... eine Unterkunft bei Freunden. Ab und zu bietet sich für den einen oder anderen die Gelegenheit ..... etwas zu verdienen, z. B. ..... in einem Großmarkt Säcke zu tragen. ..... verlieren die Jugendlichen den Bezug zum bürgerlichen Leben.

Übung 3

Antworten Sie mit den passenden Adverbien:
1. Wie verkaufen Sie Orangen, *einzeln* oder nach Gewicht?
2. Machen Sie die Reise auf einmal oder *in Etappen*?
3. Fahren die jungen Leute meistens einzeln oder *in Gruppen* durch Europa?
4. Muß man das Medikament *in Tropfen* oder *mit einem Löffel* nehmen?
5. Kaufst du Eier *im Dutzend*?

6. Werden die Arbeiter *nach Stunden* bezahlt?

7. Wird der Stoff *nach Metern* verkauft?

8. Haben Sie diese Tätigkeit schon einmal *zur Aushilfe* ausgeübt?

9. Kann ich den Preis auch *in Raten* zahlen?

10. Sollen wir den Text ganz oder *in Abschnitten* lesen?

Wortschatz

sich auf ... machen

Z. 41 Hunderttausende junger Bundesbürger ... *haben sich ... auf den Trip* durch Europa *gemacht* ... (umg.) = sind durch Europa gereist

sich auf die Beine (umg.), den Marsch, die Reise, die Socken (umg.), den Weg machen

Alle diese Nomen-Verb-Verbindungen bedeuten, daß man eine Reise oder einen bestimmten Gang unternimmt.

Übung 4

Welche Satzteile gehören zusammen?

1. Schon 11 Uhr!	a) machten sie sich auf eine Reise nach Spanien.
2. Weil es sie so überkam,	b) und dich auf die Beine machen.
3. Hunderttausende von jungen Leuten	c) und müssen uns auf den Marsch machen.
4. Du mußt nun endlich aufstehen	d) und muß mich schleunigst auf die Socken machen.
5. Wir haben noch einen langen Weg vor uns	e) Da muß ich mich auf den Weg machen.
6. Ich habe keine Zeit mehr	f) machen sich auf den Trip durch Europa.

7

BT 2 Winfried Hammann
Wir Exoten

Grammatik

Ersatzinfinitiv

Z. 5 Auf dem Armaturenbrett *sehen* sie die Zeichnung ... *liegen* ...
= Sie sehen, *daß* die Zeichnung auf dem Armaturenbrett *liegt*.

Das Akkusativ-Objekt des konjugierten Verbs ist gleichzeitig das Subjekt des Infinitivsatzes.
Zu diesen Verben gehören: *fühlen, hören, sehen, spüren*.

Ich *sehe* die Zeichnung *liegen*. Ich *höre* meine Freundin *kommen*.

Sie bilden das Perfekt mit zwei Infinitiven (Ersatzinfinitiv).
Ich *habe* die Zeichnung *liegen sehen*.

Übung 5

Was hören oder sehen Sie?

Zwei Tramperinnen stehen an der Autobahnauffahrt.
Ich sehe zwei Tramperinnen an der Autobahnauffahrt stehen.

1. Sie winken mir zu. – 2. Sie steigen in ein Auto ein. – 3. Das Auto startet. – 4. Es fährt weg. – 5. Die eine Tramperin lacht laut.

Übung 6

a) Am nächsten Tag erzählen Sie Ihrer Freundin, was Sie an der Autobahnauffahrt gesehen oder gehört haben:

   Ich habe zwei Tramperinnen an der Autobahnauffahrt stehen sehen.

   (Verwenden Sie die Sätze 1 - 5 von Übung 5.)

b) Erzählen Sie, was Sie gestern gehört oder gesehen haben.

Wortbildung

Z. 1 ... *Autobahnauffahrt* ...
Z. 5 ... *Armaturenbrett* ...
Z. 10 ... *Selbsterfahrungsgruppen* ...

Wortzusammensetzungen

Durch Wortzusammensetzungen kann man Inhalte ausdrücken, die sonst nur durch Sätze oder Satzteile wiedergegeben werden könnten. Wortzusammensetzungen finden wir beim Substantiv, beim Adjektiv und beim Verb. Das zusammengesetzte Wort ist eine neue Einheit; es trägt nur einen Hauptakzent und wird als Ganzes flektiert:

Akzent: die Schúle - die Stráße : die Schúlstraße
Flexion: die Schulstraße
die Schulstraßen

Beim Substantiv und beim Adjektiv sind die Zusammensetzungen fest, beim Verb oft unfest.

kaputtgehen - Sie *gehen* an den mächtigen Systemen *kaputt*.

Die Zusammensetzung ist (beim Substantiv und Adjektiv) nicht umkehrbar. Umkehrungen ergeben Wörter mit anderem Sinn: Erfahrungsgruppe
Gruppenerfahrung

Zusammengesetzte Substantive

In Wortzusammensetzungen ist das letzte Wort das Grundwort. Es bestimmt den Artikel und den Plural des Gesamtwortes. Bei den meisten zusammengesetzten Substantiven wird das Grundwort durch das Bestimmungswort erklärt. Das Bestimmungswort entspricht häufig einem Attribut, manchmal einem Objekt oder einem anderen Satzglied:

der Grund + *das* Wort = *das* Grundwort (die Grund*wörter*)

	Bestimmungswort	Grundwort		Bildungsweise
1 a)	das Fest	+ das Gewühl	= das Festgewühl	Subst. im Sing. + Subst.
b)	die Armaturen	+ das Brett	= das Armaturen-brett	Subst. im Plur. + Subst.
c)	die Bildung	+ der Weg	= der Bildungs-weg	Subst. + *(e)s* + Subst.
d)	der Bauer	+ das Brot	= das Bauernbrot	Subst. + *(e)n* + Subst.
e)	die Schul*e*	+ die Straße	= die Schul-straße	Subst. ohne *e* + Subst.
2	schlaf*en*	+ der Sack	= der Schlafsack	Verb ohne Inf.-Endung + Subst.
3	rot	+ der Wein	= der Rotwein	Adj. + Subst.
4	innen	+ die Stadt	= die Innenstadt	Adv. + Subst.
5	vor	+ die Stadt	= die Vorstadt	Präp. + Subst.

Zusammengesetzte Substantive können selbst wieder Grund- oder Bestimmungswörter von Zusammensetzungen sein:

Bestimmungswort	Grundwort	
die Autobahn	+ die Auffahrt	= die Autobahnauffahrt
die Selbsterfahrung	+ die Gruppe	= die Selbsterfahrungsgruppe

7

Übung 7

Erklären Sie die Bedeutung der folgenden Substantive und ordnen Sie sie nach ihrer Zusammensetzung in das Schema ein:

Beispiel: Bildungsweg = Weg, auf dem man Bildung erwerben kann, 1c.

1. Autobahnauffahrt - 2. Stadtzeitung - 3. Therapiegruppe - 4. Erkennungssignal - 5. Lastwagenfahrer - 6. Treffpunkt - 7. Armbanduhr

Übung 8

Wie lauten die passenden zusammengesetzten Substantive?

1. Die jungen Leute suchen eine ..... in Sachsenhausen. Die sollen ..... machen. (*Therapiegruppe - Gruppentherapie*)
2. Die jungen Leute lagern auf Wiesen und trinken ..... . Die ..... lassen sie oft liegen. (*Bierdosen - Dosenbier*)
3. Ein amerikanischer Tourist spendierte Karten für den ..... . An diesem Tag kämpften andalusische ..... . (*Kampfstier - Stierkampf*)
4. Jugendliche reisen selten in .... sind ihnen zu teuer. (*Reisegruppe - Gruppenreise*)
5. Susanne zertrümmerte ihre ..... . Das ..... war ganz neu gewesen. (*Armbanduhr - Uhrenarmband*)

Übung 9

Ersetzen Sie die Satzteile in Klammern durch zusammengesetzte Substantive:

Für Susanne war es eine (*Reise wie aus dem Bilderbuch*) ..... Mit ihrem (*Sack zum Schlafen*) ..... und einer (*Matte aus Gummi*) ..... hatte sie mit Hunderten anderer Jugendlicher auf den Wiesen am Eiffelturm gelagert, (*weißes Brot*) ..... gegessen und (*Bier aus Dosen*) ..... getrunken. Obwohl ihr im (*Gewühl eines Festes*) ..... ihr ganzes (*bares Geld*) ..... und ihre (*Papiere für die Reise*) ..... gestohlen worden waren, hatte sie ihre gute Laune nicht verloren. Auf der (*Reise zurück*) ..... fanden sie einen (*Fahrer eines Wagens, der Lasten transportierte*) ....., der sie bis zur (*Ausfahrt der Autobahn*) ..... Frankfurt mitnahm.

7

Übung 10

Erklären Sie die Bedeutung der folgenden Zusammensetzungen mit *Fahrt* und bilden Sie Sätze:

1. Auffahrt – 2. Ausfahrt – 3. Heimfahrt – 4. Hinfahrt – 5. Rückfahrt

Welche anderen Zusammensetzungen mit *Fahrt* kennen Sie noch?

Zusammengesetzte Adjektive / Partizipien

Z. 43 ... *jahrelang* ...

1 a)	das Wunder	+ schön	wunderschön	Subst. + Adj./Part.
b)	das Kind	+ lieb	kinderlieb	Subst.Plur. + Adj./Part.
	der Nerv	+ schonend	nervenschonend	
c)	das Leben	+ notwendig	lebensnotwendig	Subst. + *(e)s* + Adj./Part.
d)	die Sonne	+ klar	sonnenklar	Subst. + *(e)n* + Adj./Part.
e)	die Hilfe	+ reich	hilfreich	Subst. ohne *-e* + Adj./Part.
2	merken	+ würdig	merkwürdig	Verb + Adj.
3	lang	+ haarig	langhaarig	Adj. + Adj./Part.
	kurz	+ geschnitten	kurzgeschnitten	
4	über	+ schlau	überschlau	Präp. + Adj.

Zusammengesetzte Verben

Z. 8 ... *abzuhauen* ...

1	ab	+ hauen	abhauen	Präp. + Verb
2	spazieren	+ gehen	spazierengehen	Verb + Verb
3	leer	+ essen	leeressen	Adj. + Verb
4	wohl	+ sich fühlen	sich wohlfühlen	Adv. + Verb
5	Teil	+ nehmen	teilnehmen	Subst. + Verb

Übung 11

Wie kann man die unterstrichenen Satzteile durch zusammengesetzte Adjektive kürzer und besser ausdrücken?

1. Das Personal in den Hotels ist immer (*bereit zur Hilfe*) .....

2. In Berlin ist leider nachts mit (*der Sprache und der Stadt nicht kundigen*) ..... Berlinern zu rechnen.

3. In Finanzämtern und Sparkassen finden Sie ..... junge Leute (*mit langen Haaren*).

4. Das Essen ist (*zum Leben notwendig*) ..... .

5. Ich esse gern ..... Obst (*das an der Sonne gereift ist*)

6. Dimitri ist ein ..... Mann (*der Kinder liebt*).

Übung 12

Vervollständigen Sie die Adjektive:

1. Liesels Wäsche ist schnee..... .

2. Annemie hat himmel..... Augen.

3. Der Himmel ist raben..... . Gleich wird es regnen.

4. Dimitris Pullover ist kaffee..... .

5. Vor Verlegenheit wurde Jürgen feuer..... .

6. Ihr neues Kleid ist zitronen..... .

Z. 3 ... *arbeitslos* ...

Adjektive können zu Suffixen werden, wie zum Beispiel: *-los, -frei, -voll, -leer, -arm, -reich, -fertig, -fähig, -artig, -mäßig*

Die Adjektive auf *-los* und *-frei* bezeichnen das Fehlen einer Sache oder eines Vorgangs.
Oft bezeichnet das Adjektiv mit *-los* eine unerwünschte, das mit *-frei* dagegen eine erwünschte Eigenschaft:

arbeitslos   arbeitsfrei
mittellos   alkoholfrei
schlaflos   abgasfrei

Übung 13

Ergänzen Sie das richtige Adjektiv:

1. Eine Politik, die ohne Maß ist, ist eine ..... Politik.
2. Jemand, der keine Mittel besitzt, ist ein ..... Mensch.
3. Eine Nacht, die man ohne Schlaf verbringt, ist eine ..... Nacht.
4. Wer Neuem ohne Vorurteile gegenübertritt, ist ..... .
5. Eine Gegend, die keine landschaftlichen Reize besitzt, ist landschaftlich ..... .
6. Eine Arbeit, die keinen Sinn hat, ist eine ..... Arbeit.

Übung 14

Adjektivbildung mit den Suffixen *-los* und *-frei*

Wer heute abgas... Luft einatmen will, der zieht auf's Land. Außer, wenn man es erbt, bekommt dort aber niemand kosten... ein Grundstück, auf dem er mehr oder weniger problem... bauen kann. Natürlich darf man nicht mittel... sein, denn Bauen ist heutzutage sehr teuer. Manche Leute nehmen ziemlich sorg... hohe Bankkredite auf. Wahrscheinlich ist das neue Haus dann erst in der nächsten Generation kosten... . In den ersten Jahren ist das neue Haus übrigens steuer... .

Die Stadt hat sich ein immer uniformeres, namen...eres Gesicht zugelegt. Nachts durch Frankfurt oder München zu spazieren, ist nicht gefahr... . Nach Feierabend ist die City funktions..., nach Ladenschluß spielt sich dort nichts mehr ab. Die Straßen sind verlassen, reiz...; ab und zu sieht man einen herren... Hund. Funktionsteilung heißt dieser Prozeß. Funktionsteilung galt einmal als beispiel... Fortschritt der Städteplanung, und wenn man sich das Leben in licht..., stickigen Hinterhöfen des Zille-Milieus vergegenwärtigt, war sie es zweifel... auch: dort, wo man arbeitete, sollte man nicht auch schlafen.

Nennen Sie weitere Adjektive mit *-los* oder *-frei* und bilden Sie Sätze.

Wortschatz

dabei sein – im Begriff sein

Z. 7 ... daß auch *sie* gerade *dabei wären*, abzuhauen.
      = daß auch sie gerade im Begriff wären, abzuhauen.

7

Übung 15

Was machst du gerade? Verreist du? -
Ja, ich bin gerade dabei, zu verreisen.
Ja, ich bin gerade im Begriff, zu verreisen.

Was machst du gerade?

1. Kaufst du Zeitungen? - Ja, ...

2. Liest du die Rubrik "Verschiedenes"? - Ja, ...

3. Suchst du nach einer Anzeige der Therapiegruppe? - Ja, ...

4. Erkundigst du dich in Sachsenhausen nach der Gruppe? - Ja, ...

5. Machst du eine Therapie mit? - Ja, ...

wissen – kennen

Z. 14 ... mehr *weiß* ich euch nicht zu sagen.
Z. 35 *Wissen* wir nicht. Wir *kennen* Frankfurt nicht.
Z. 43 Wir *kennen* auch Leute ...

Unterscheidung nach gebräuchlicheren Satzmustern:

wissen	kennen
a) Ich weiß die Regel.	Ich kenne die Regel.
b) Ich weiß, daß, ob, wie ...	...
c) Ich weiß viel zu erzählen.	

Unterscheidung nach der Bedeutung:

a) ...	Kennen Sie Herrn Schmidt?
	Ich kenne London.
b) Wissen Sie den Weg?	Kennen Sie den Weg?
Wissen Sie das Wort?	Kennen Sie das Wort?

Übung 16

wissen oder *kennen*

Susanne ..... Pamplona und die Fiesta "San Fermin" noch nicht. Da sie ....., daß ihre Freunde auch gern mal nach Spanien fahren wollten, verabredete sie sich mit ihnen am Autobahn-Westkreuz, da, wie sie ....., die beste Tramperstation im Rhein-Main-Gebiet war. Die beiden Freunde ..... sie seit einem halben Jahr. Sie hatte sie bei einer ihrer früheren Fahrten ..... gelernt.
..... Sie, was es bedeutet, auf diese Weise eine so lange Fahrt zu machen? Als die Mädchen übermüdet und hungrig in Pamplona ankamen, ... sie leider nicht, wie sie ein Dach über dem Kopf bezahlen sollten, denn das Bargeld war ihnen gestohlen worden. Wo, ... sie nicht genau. Und hier ..... sie natürlich auch niemand. Aber die Freundin ..... Rat: sie ..... einen Ort, wo man im Freien kampieren konnte.

Kapitel 8

Wolfram Siebeck
Fünf Eigelb und ein Liter Sahne BT 1

Wortbildung

Z. 16 ... was ihm *sichtlich* schwerfällt
Z. 26 ... Die Runde ... ist auch sonst sehr *typisch*.
Z. 50 ... Ich hingegen bekenne mich *freimütig* zur ...

Adjektivbildung durch Ableitung

Oft kann man aus der Form der Ableitung bestimmte inhaltliche oder grammatische Merkmale erschließen. Allerdings ist es in vielen Fällen nicht möglich, eindeutige Regeln zu geben, und zudem findet man zahlreiche Ausnahmen.

a) Ableitung durch Suffixe

-lich
Sicht	- sichtlich	drückt Merkmale aller Art aus;
Staat	- staatlich	nach *-n* tritt *-t* oder *-d* vor
Bedenken	- bedenklich	*-lich*
Wesen	- wesentlich	
Morgen	- morgendlich	

rot	- rötlich	ähnlich wie das Grundwort
sauer	- säuerlich	

isch
Hamburg	- Hamburgisch	drückt Herkunft und Art aus (Ableitung aus Eigennamen und Personenbezeichnungen)
Anarchist	- anarchistisch	

Medizin	- medizinisch	Ableitungen aus Fremdwörtern
Typ	- typisch	

kindlich	- kindisch	Bei Doppelformen drückt *-isch*
weiblich	- weibisch	Abwertung, Tadel aus

-ig
Freimut	- freimütig	drückt Besitz, Beschaffenheit,
Würde	- würdig	Ähnlichkeit aus
dein	- deinig	
Seide	- seidig	

b) Ableitung durch Präfix

-un
glücklich	- unglücklich	drückt das Gegenteil aus
gleich	- ungleich	

8

-lich oder *-ig*?
dreistündlich   alle drei Stunden (Wiederholung)
dreistündig   drei Stunden lang (Dauer)

Übung 1

-isch, -ig, -lich

Wie heißen die Adjektive zu folgenden Substantiven?

1. Italien 2. der Hof 3. die Sache 4. der Typ 5. das Klappern 6. das Jahr 7. das Gemüt 8. das Zutrauen 9. die Kunde 10. die Vorsorge 11. der Dreck 12. die Medizin 13. das Gespräch 14. das Chaos 15. Spanien 16. die Tatsache 17. die Leidenschaft 18. der Durchschnitt

Übung 2

Ergänzen Sie die fehlenden Adjektive. Beachten Sie den Unterschied in der Bedeutung von *-lich* und *-ig*: (Tag, Woche, Jahr, Monat, Stunde)

Tag

1. Du kannst doch nicht ..... den Schulbus verpassen! Nach drei..... Fehlen in der Schule kam der Älteste zur Vernunft.

Jahr

2. Die ..... Auslandsreisen der Urlauber kosten den Staat viele Devisen.
   Nach ..... Aufenthalt in der Fremde empfindet der Reisende mit Vergnügen, daß Deutschland ein höfliches Land geworden ist.

Woche

3. Wie immer bei ihrem ..... Aufenthalt in Italien ist Liesel erstaunt, wie sauber das Hotelzimmer ist. Die Teilnehmer der Gruppen wechseln..... .

Monat

4. Die Miete bezahlen Sie ..... . Bei ihrem mehr..... Aufenthalt in Deutschland wunderte sich die Japanerin über die deutschen Eßgewohnheiten.

Stunde

5. Nach 36-..... Fahrt in klapprigen Lieferwagen und schaukelnden Citroën-Enten standen sie vor dem "Tropicana". Die Züge zwischen den beiden Städten verkehren ..... .

8

Verbbildung durch Präfixe

Z. 21 ... *verschlief* er morgens und *verpaßte* den Schulbus ...
Z. 43 ... *bedenken*

ver-

schlafen	verschlafen	Verbringen der Zeit
tanzen	vertanzen	
klein	verkleinern	kleiner, besser machen; oft zu
besser	verbessern	Komparativ von Adjektiven
Gold	vergolden	mit einem Material überziehen;
Silber	versilbern	(auch bildlich)
laufen	sich verlaufen	das Falsche tun
lesen	sich verlesen	
kleben	verkleben	etwas verschließen
nageln	vernageln	
tun	vertun	verbrauchen; zugrundegehen
trinken	vertrinken	
gehen	vergehen	

be-

denken	bedenken	das Präfix macht das Verb transitiv
schreiben	beschreiben	
richtig	berichtigen	richtig, ruhig machen
ruhig	beruhigen	

er-

möglich	ermöglichen	möglich, weiter machen
weiter	erweitern	
wachen	erwachen	Beginn und Ergebnis einer Handlung
steigen	ersteigen	
trinken	ertrinken	sterben oder töten
morden	ermorden	
schlagen	erschlagen	

Übung 3

Setzen Sie die angegebenen Verben ein: *beurteilen, sich benehmen, beschreiben, sich beklagen, beachten, behandeln*

Wolfram Siebeck ..... die Verweigerungshaltung seiner Söhne. Er ....., wie sie sich am Tisch ..... . Er ..... sich nicht über seine Söhne sondern ..... ihr Verhalten etwas ironisch. Wie würden Sie Ihre Kinder in dieser Situation .....? Würden Sie ihr Benehmen ..... oder nicht?

119

8

Übung 4

Wie heißen die Verben zu den unterstrichenen Substantiven?

An der reformierten Oberstufe gibt es eine Grenze für die schriftliche Prüfung, stimmt das? Ja, die schriftliche Prüfung ist auf drei Tage ..... .

Dimitri empfindet keinen Neid gegenüber seinen deutschen Arbeitskollegen, die mehr verdienen als er. Warum soll ich sie .....? Sie sind schließlich Facharbeiter. Darüber, daß er Nachteile hätte, klagt er nicht. Er fühlt sich nicht ..... . Früher hatte er eine Beschäftigung in der Landwirtschaft, heute ist er in einer Textilfabrik ..... . Er empfindet es als eine Gunst, in Deutschland leben zu können. Gegenüber anderen ausländischen Kollegen fühlt er sich ..... .

Übung 5

Ergänzen Sie: *erklären, erschweren, ernüchtern, erhöhen, erleichtern, ergänzen*

Mir ist die Sache nicht ganz klar. Können Sie mir ....., was das Leben auf dem Land für viele Städter so attraktiv macht?
Ein Vorteil z. B. ist, daß Arbeitsplatz und Wohnstätte nahe beieinanderliegen; das ..... den Menschen das Leben. Die Mieten sind auch nicht so hoch. Ein Umzug in die Stadt ..... sofort die Lebenshaltungskosten. Ein weiterer Vorteil, möchte ich noch ....., ist das Solidaritätsgefühl der Menschen im Dorf.
Und welche Probleme gibt es? Es ist oft schwer, einen Arbeitsplatz zu finden. Die schwache Wirtschaftskraft ..... die Arbeitssuche. Ihre geringen Berufs- und Einkommenschancen ..... viele, die gern aufs Land ziehen würden.

Übung 6

Ersetzen Sie die kursiv geschriebenen Verben durch Verben mit -er:

Die Vorstädte *werden wach* (.....), wenn in der City die Lichter *ausgehen* (.....)

Die Stadt *kann nicht* mehr *atmen* durch ihre Abgase (.....).

Nachts durch die leere Innenstadt zu gehen, kann gefährlich sein. Gelegentlich *werden* Menschen *getötet* (.....). Manchmal berichten die Zeitungen von Menschen, die *totgeschlagen werden* (.....).

Übung 7

Setzen Sie die passenden Verben ein: *verbessern, vergrößern, verlängern, verkürzen, vertiefen, vervollkommnen, verändern*

Durch die Oberstufenreform wollte man die Zahl der Abiturienten ..... (groß). Man wollte die Chancen der Kinder ärmerer Bevölkerungsschichten ..... (gut). Durch Leistungskurse sollten die Schüler die Möglichkeit erhalten, ihr Wissen auf bestimmten Gebieten zu ..... (tief) und zu ..... (vollkommen). Die Oberstufe wurde ..... (anders). Die schriftliche Abiturprüfung wurde auf drei Tage ..... (kurz). Durch die Zusammenlegung mehrerer Schulen zu größeren Schuleinheiten hat sich der Schulweg für viele Kinder leider ..... (lang).

Übung 8

berichtigen — richtig machen
verlängern — länger machen
ermöglichen — möglich machen

Welche anderen, mit den Präfixen *be-, ver-, er-* gebildeten Verben kennen Sie? Finden Sie Beispiele und bilden Sie Sätze.

Wortschatz

überhören u. ä.

Z. 30 ... den Wecker zu *überhören* ...
= den Wecker (mit oder ohne Absicht) nicht hören

Bei folgenden Verben bedeutet *über*, daß man etwas versehentlich oder absichtlich nicht tut:
überhören, überlesen, überschlagen, übersehen

Übung 9

Wie lautet die Antwort?

1. Warum grüßt du Herrn Schmidt nicht? Hast du ihn nicht gesehen?
2. Ich habe doch zweimal geklingelt! Hast du das nicht gehört?
3. Hier ist doch eine wichtige Stelle im neuen Mietvertrag! Hast du die nicht gesehen?
4. Die Regel muß in der Grammatik auf Seite 90 stehen. Hast du mal nachgeschlagen?
5. Hier steht es doch schwarz auf weiß. Das muß man doch sehen!

8

Grammatik

Nebensätze mit *indem*

Z. 46 Und *indem* ich die Schokoladencreme zu mir heranziehe ...,
schließe ich mein Seminar ...

    a) = während, im gleichen Moment, wo
       (temporal, gleichzeitig, selten benutzt)

    b) Sie setzen den Apparat in Gang, *indem* Sie den Schalter
       betätigen.
       = *dadurch, daß* (modal, instrumental)

Übung 10

Glaubt ihr, durch Abhauen ändert ihr die Situation? -
Natürlich (nicht), wir ändern die Situation (nicht), indem wir
abhauen.

1. Meint ihr, durch Offensein für alles schafft ihr den Sprung?

2. Meinen sie, bei Durchsicht der Stadtzeitungen finden sie Adressen über Selbsterfahrungsgruppen?

3. Glaubt ihr, durch Vordringen ins Unaussprechbare macht ihr neue Erfahrungen?

4. Meint ihr, durch Aussteigen geht ihr nicht kaputt?

5. Glaubt ihr, durch Lektüre der Rubrik "Verschiedenes" könnt ihr Näheres erfahren?

6. Denkt ihr, durch Abhauen könnt ihr eure Probleme lösen?

Übung 11

Wie öffnet man ein Schloß -
Indem man den Schlüssel nach rechts dreht.

1. Wie macht man Licht an?

2. Wie kocht man Kaffee?

3. Wie überweist man Geld?

4. Wie schützt man sich gegen Vorurteile?

5. Wie behält man gute Kontakte zu seinen Kindern?

Übung 12

Was machen Sie, wenn Sie jemand anrufen?

1. Ich suche seine Nummer, indem ich .....

2. Ich stelle die Verbindung her, indem ich .....

Was tun Sie weiter?

Beschreiben Sie, wie Sie ein Zimmer suchen. Benutzen Sie möglichst häufig die Konjunktion *indem*:

Horst Krüger
Was dann?

BT 2

Grammatik
Weiterführender Nebensatz mit *weshalb*

Z. 5 ..., *weshalb* Reklame und Werbung in solchen Gesellschaften vehement dominieren.

Es handelt sich hier formal um einen Relativsatz, der aber kein Korrelat (Bezugswort) im vorausgehenden Satz hat.
Ähnlich wie bei dem Relativpronomen *was* (vgl. Kapitel 3) handelt es sich um einen weiterführenden Nebensatz, der in der gesprochenen Sprache im allgemeinen durch einen Hauptsatz ausgedrückt wird:

Deshalb dominieren Reklame und Werbung in solchen Gesellschaften ...

Übung 13

Wie würde man die folgenden weiterführenden Nebensätze in der gesprochenen Sprache ausdrücken?

1. In liberalen Staaten wird kein Engagement für staatliche Ziele gefordert, *weshalb* Unlustgefühle entstehen.

2. Reklame und Werbung werden erbittert kritisiert, *wobei* diese viel harmloser sind als die Propagandaaktionen totalitärer Systeme.

3. Junge Leute sind oft ratlos bis unglücklich, *woraus* sich Wohlstandsneurosen entwickeln.

4. Es entsteht eine Mischung aus Wut und Verzweiflung, *weswegen* viele in die Drogenwelt umkippen.

5. Der liberale Staat fordert nichts, *wogegen* der autoritäre die Bürger in Zucht nimmt.

6. Der autoritäre Staat stellt der Jugend kämpferische Aufgaben, *weshalb* sie ihm dankbar ist.

8

Modalwörter mit -*weise*

Z. 13 *Merkwürdigerweise* ruft diese Befreiung ... Unlustgefühle hervor.

Wir haben hier nicht ein Adverb, sondern ein Modalwort vor uns. Dieses bezieht sich immer auf den ganzen Satz, nicht auf ein einzelnes Wort:

Merkwürdigerweise hat er gelächelt.
= Es ist merkwürdig, daß er gelächelt hat.

Dagegen: Er hat *merkwürdig* gelächelt.

merkwürdig erklärt hier nur ein einzelnes Wort: lächeln.

Modalwörter können nie als Attribut gebraucht werden. Sie haben einen selbständigeren Charakter als Adverbien. Das zeigt sich z. B. auch in der Frage:

Hat er gelächelt? - Merkwürdigerweise, ja!

(Man könnte nicht mit *merkwürdig* antworten!)
Auch in der Verneinung gibt es einen Unterschied:

                  1   2
Er hat merkwürdigerweise nicht gelächelt.

              1   2
Aber: Er hat nicht merkwürdig gelächelt.

Andere Modalwörter auf -*weise*: *albernerweise, ärgerlicherweise, bedauerlicherweise, (un)begreiflicherweise, dummerweise, erfreulicherweise, erstaunlicherweise, (un)glücklicherweise, komischerweise, möglicherweise, seltsamerweise, (un)verständlicherweise, überraschenderweise* usw.

Übung 14

Wie lauten die Antworten mit den entsprechenden Modalwörtern?

Ist es nicht *merkwürdig*, daß die Befreiung von kollektiven Zwängen Unlustgefühle hervorruft?
Ja, das stimmt. *Merkwürdigerweise* ruft sie Unlustgefühle hervor.

1. Ist es nicht *bedauerlich*, daß der Bürger zu immer mehr Konsum genötigt wird?

2. Ist es nicht *überraschend*, daß Dienen persönliches Glückserlebnis bedeutete?

3. Ist es nicht *unverständlich*, daß Freiheit Angst macht?

4. Ist es nicht *seltsam*, daß die Jugendlichen den liberalen Staat verachten?

5. Ist es nicht *unbegreiflich*, daß oft die Besten aussteigen?

6. Ist es nicht *erstaunlich*, daß Jugendliche für kämpferische Aufgaben dankbar sind?

7. Ist es nicht *überraschend*, daß viele in die Drogenwelt umkippen?

8. Ist es nicht *komisch*, daß das einfache Leben einen neuen Glanz bekommt?

Übung 15

Setzen Sie das passende Adverb oder Modalwort ein:

Ich blicke in die Runde und kann mir (*begreiflich, begreiflicherweise*) ..... die Frage nicht verkneifen: "Was ist eigentlich los mit euch?" Es ist die Frage, die sich (*seltsam, seltsamerweise*) ..... Millionen Familienväter nicht verkneifen können.
Meine Söhne verweigern mir (*erstaunlich, erstaunlicherweise*) ..... sogar die Antwort.
Schließlich macht der Älteste den Mund auf, was ihm (*komisch, komischerweise*) ..... schwerzufallen scheint und gibt (*erfreulich, erfreulicherweise*) ..... Auskunft: "Wir verweigern weitere Nahrungsaufnahme."
Der Jüngste verweigerte gestern (*ärgerlich, ärgerlicherweise*) ..... die Gartenarbeit und verschlief (*überraschend, überraschenderweise*) ..... morgens. Ich reagiere darauf nicht (*ärgerlich, ärgerlicherweise*) ..... sondern (*vernünftig, vernünftigerweise*) .....

Nomen-Verb-Verbindungen mit *nehmen*

Z. 31 ... weil er sie nicht *in Zucht nimmt* ...

Einige der im folgenden aufgeführten festen Nomen-Verb-Verbindungen werden besonders schriftsprachlich verwendet. In der gesprochenen Sprache ersetzt man sie besser durch die angegebenen einfachen Verben.

in Angriff		beginnen
in Anspruch		beanspruchen
in Besitz		
in Betrieb	nehmen =	
in Empfang		annehmen
in Gebrauch		
in Kauf		

8

Übung 16

Welche Satzteile gehören zusammen?

1. Von meinem Jahresurlaub habe ich erst
2. Wir müssen die neue Aufgabe energisch
3. Heute haben wir die neue Rechenanlage
4. Wollen Sie ihr neues Büro
5. Diesen Auftrag muß ich schleunigst
6. Unsere Familie ist umgezogen und hat das neue Haus
7. Könnten Sie diesen Brief
8. Solche Risiken muß man in der Politik

a) in Betrieb genommen.
b) in Arbeit nehmen.
c) in Augenschein nehmen?
d) in Empfang nehmen?
e) 14 Tage in Anspruch genommen.
f) in Besitz genommen.
g) in Kauf nehmen.
h) in Angriff nehmen.

Übung 17

Ergänzen Sie die festen Verbindungen:

1. Wenn Sie ein Haus bauen, müssen Sie große Ausgaben ..... .
2. Sie müssen hier unterschreiben, wenn Sie die Sendung ..... wollen.
3. Das neue Gerät ist zwar angekommen, aber wir haben es noch nicht ..... .
4. Wir haben einen größeren Lieferauftrag bekommen, den wir gleich ..... müssen.
5. Für den Umzug stehen Ihnen zwei arbeitsfreie Tage zu. Wollen Sie sie nicht .....?
6. Das neue Elektrizitätswerk wurde gestern ..... .

Nomen-Verb-Verbindungen mit *stellen*

Z. 41 ... wenn ihr nur kämpferische *Aufgaben* und klare *Lebensziele* vom Staat *gestellt* werden.

Wie immer bei festen Nomen-Verb-Verbindungen hat das Verb keine eigentliche Bedeutung, d. h. es ist nur Funktionsverb. Die Hauptbedeutung liegt beim Substantiv.

eine Aufgabe
eine Bedingung
Ersatz
eine Frage   stellen
eine Frist
ein Thema

ein Ziel setzen

Übung 18

Welche Satzteile gehören zusammen?

1. Vor der Unterzeichnung des Vertrages
2. Für den Hausaufsatz
3. Für die Zahlung der restlichen Summe
4. Die wachsende Arbeitslosigkeit stellt alle Regierungen
5. Wenn ihr mir die Antwort verweigert,
6. Für die bei dem Transport beschädigte Sendung

a) stellen wir Ihnen eine zweimonatige Frist.
b) vor eine schwierige Aufgabe.
c) stelle ich die Frage noch einmal.
d) stellen wir Ihnen Ersatz.
e) müssen wir einige zusätzliche Bedingungen stellen.
f) stelle ich Ihnen drei Themen.

Wortschatz

(zu) ... werden

Z. 6 Diese *werden* dann meistens *zum* Gegenstand einer erbitterten Gesellschaftskritik.
werden zu (nur bei Nomen) zeigt ein stärker definiertes Resultat als *werden*:

Der Wein *wird* Essig. (Der Prozeß ist noch nicht beendet)

Der Wein *wird zu* Essig. (Das Endergebnis ist stärker betont; der Verwandlungsprozeß wird unterstrichen. In vielen Fällen würde man nur *werden* mit *zu* gebrauchen, z. B.: Er wurde allmählich *zum* Menschenfeind)

Übung 19

Antworten Sie mit *werden zu*:

Was macht die kleine Anna? (junges Mädchen)
Sie ist zu einem jungen Mädchen geworden.

1. Ist die Milch noch gut? (*Quark*)
2. Was machen deine Eltern? (*alte Leute*)
3. Wie geht es Hans? (*reicher Mann*)
4. Was wird aus den Unlustgefühlen? (*Haß*)
5. Wie entwickeln sich Wut und Verzweiflung? (*Neurosen*)
6. Wie sahen die Jugendlichen das Dienen an? (*persönliches Glückserlebnis*)
7. Wie verlief die Fahrt? (*Bilderbuchreise*)
8. Was ist aus den Ferienreisen geworden? (*mobiler Protest*)